A LIBRARY OF
DOCTORAL
DISSERTATIONS
IN SOCIAL SCIENCES IN CHINA

中国
社会科学
博士论文
文库

基于事件结构分析的
汉语短语型动结式习得研究

A Study on L2 Acquisition of Chinese Phrasal
VR Construction Based on Event Structure Theory

冯丽娟　著
导师　冯丽萍

中国社会科学出版社

图书在版编目 (CIP) 数据

基于事件结构分析的汉语短语型动结式习得研究 / 冯丽娟著 . —北京：
中国社会科学出版社，2019. 6
（中国社会科学博士论文文库）
ISBN 978 - 7 - 5203 - 4569 - 9

Ⅰ. ①基…　Ⅱ. ①冯…　Ⅲ. ①汉语—短语—语法结构—研究
Ⅳ. ①H146. 3

中国版本图书馆 CIP 数据核字（2019）第 115429 号

出 版 人　赵剑英
责任编辑　梁剑琴
责任校对　闫　萃
责任印制　李寡寡

出　　版　中国社会科学出版社
社　　址　北京鼓楼西大街甲 158 号
邮　　编　100720
网　　址　http://www.csspw.cn
发 行 部　010 - 84083685
门 市 部　010 - 84029450
经　　销　新华书店及其他书店

印　　刷　北京明恒达印务有限公司
装　　订　廊坊市广阳区广增装订厂
版　　次　2019 年 6 月第 1 版
印　　次　2019 年 6 月第 1 次印刷

开　　本　710×1000　1/16
印　　张　12
插　　页　2
字　　数　201 千字
定　　价　65.00 元

总　序

在胡绳同志倡导和主持下，中国社会科学院组成编委会，从全国每年毕业并通过答辩的社会科学博士论文中遴选优秀者纳入《中国社会科学博士论文文库》，由中国社会科学出版社正式出版，这项工作已持续了 12 年。这 12 年所出版的论文，代表了这一时期中国社会科学各学科博士学位论文水平，较好地实现了本文库编辑出版的初衷。

编辑出版博士文库，既是培养社会科学各学科学术带头人的有效举措，又是一种重要的文化积累，很有意义。在到中国社会科学院之前，我就曾饶有兴趣地看过文库中的部分论文，到社科院以后，也一直关注和支持文库的出版。新旧世纪之交，原编委会主任胡绳同志仙逝，社科院希望我主持文库编委会的工作，我同意了。社会科学博士都是青年社会科学研究人员，青年是国家的未来，青年社科学者是我们社会科学的未来，我们有责任支持他们更快地成长。

每一个时代总有属于它们自己的问题，"问题就是时代的声音"（马克思语）。坚持理论联系实际，注意研究带全局性的战略问题，是我们党的优良传统。我希望包括博士在内的青年社会科学工作者继承和发扬这一优良传统，密切关注、深入研究 21 世纪初中国面临的重大时代问题。离开了时代性，脱离了社会潮流，社会科学研究的价值就要受到影响。我是鼓励青年人成名成家的，这是党的需要，国家的需要，人民的需要。但问题在于，什么是名呢？名，就是他的价值得到了社会的承认。如果没有得到社会、人民承认，他的价值又表现在哪里呢？所以说，价值就在于对社会重大问题的回答和解决。一旦回答了时代性的重大问题，就必然会对社会产生巨大而深刻的影响，你也因此而实现了你的价值。在这方面年轻的博士有很大的优势：精力旺盛，思维敏捷，勤于学习，勇于创新。但青年学者要多向老一辈学者学习，博士尤其要很好地向导师学习，在导师的指导下，发挥自己的优势，研究重大问题，就有可能出好的成果，实现自己的价值。过去12年入选文库的论文，也说明了这一点。

　　什么是当前时代的重大问题呢？纵观当今世界，无外乎两种社会制度，一种是资本主义制度，一种是社会主义制度。所有的世界观问题、政治问题、理论问题都离不开对这两大制度的基本看法。对于社会主义，马克思主义者和资本主义世界的学者都有很多的研究和论述；对于资本主义，马克思主义者和资本主义世界的学者也有过很多研究和论述。面对这些众说纷纭的思潮和学说，我们应该如何认识？从基本倾向看，资本主义国家的学者、政治家论证的是资本主义的合理性和长期存在的"必然性"；中国的马克思主义者，中国的社会科学工作者，当然要向世界、向社会讲清楚，中国坚持走自己的路一定能实现现代化，中华民族一定能通过社会主义来实现全面的振兴。中国的问题只能由中国人用自己的理论来解决，让外国人来解决中国的问题，是行不通的。也许有的同志会说，马克思主义也是外来的。但是，要知道，马克思主义只是在中国化了以后才解决中国的问题的。如果没有马克思主义的普遍原理与中国革命和建设的实际相结合而形成的毛泽东思想、邓小平理论，马克思主义同样不能解决中国的问题。教条主义是不行的，东教条不行，西教条也不行，什么教条都不行。把学问、理论当教条，本身就是反科学的。

　　在21世纪，人类所面对的最重大的问题仍然是两大制度问题：这两大制度的前途、命运如何？资本主义会如何变化？社会主义怎么发展？中国特色的社会主义怎么发展？中国学者无论是研究资本主义，还是研究社会主义，最终总是要落脚到解决中国的现实与未来问题上。我看中国的未来就是如何保持长期的稳定和发展。只要能长期稳定，就能长期发展；只要能长期发展，中国的社会主义现代化就能实现。

　　什么是21世纪的重大理论问题？我看还是马克思主义的发展问

题。我们的理论是为中国的发展服务的，绝不是相反。解决中国问题的关键，取决于我们能否更好地坚持和发展马克思主义，特别是发展马克思主义。不能发展马克思主义也就不能坚持马克思主义。一切不发展的、僵化的东西都是坚持不住的，也不可能坚持住。坚持马克思主义，就是要随着实践，随着社会、经济各方面的发展，不断地发展马克思主义。马克思主义没有穷尽真理，也没有包揽一切答案。它所提供给我们的，更多的是认识世界、改造世界的世界观、方法论、价值观，是立场，是方法。我们必须学会运用科学的世界观来认识社会的发展，在实践中不断地丰富和发展马克思主义，只有发展马克思主义才能真正坚持马克思主义。我们年轻的社会科学博士们要以坚持和发展马克思主义为己任，在这方面多出精品力作。我们将优先出版这种成果。

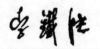

2001 年 8 月 8 日于北戴河

摘　　要

汉语的动结式是一个重要的语法现象，根据动词和补语词汇化的程度，动结式可以分为词、短语词和短语三种类型。其中已经演变为词的动结式和处于词和短语过渡阶段的短语词在英语中一般都能找到对应的词，而短语型动结式无论从句法结构还是语义结构来讲都比较复杂，对英语母语者来说习得难度比较大。鉴于以上因素，本书把短语型动结式（以下简称动结式）作为研究对象。

本研究的理论基础是事件结构理论。本书把语言理解和产出的过程分为三个层面：事件结构、论元结构和句法结构。其中事件结构承载的是语言的深层语义，直接跟客观世界接口；论元结构既可以反映深层语义的整合过程，又制约着句法结构，是连接事件结构与句法结构的纽带；句法结构是深层语义在一定的规则制约下映射到表层的语言现象。综合以上分析，本书对汉语动结式进行习得研究之前，必须先详细分析它们的事件结构，总结出制约句法结构实现的规则。

本书的习得研究从理解和产出两个角度开展。本部分的研究目的有三：一是考察高级汉语水平的英语母语者对 11 类汉语动结式的整体理解情况，包括是否能理解事件结构中的参与者角色及其关系、是否能理解致使关系，理解难度受到哪些因素的影响，有哪些偏误类型及偏误原因是什么；二是重点考察高级汉语水平的英语母语者对事件结构不同、句法结构相同（S + VR + O$_{VR}$）、映射过程有位置变换（"哭湿"和"推倒"类）和无位置变换（"忙忘"和"听懂"类）四类动结式的理解情况，包括对事件结构中参与者角色的加工以及对致使关系的理解情况；三是考察高级汉语水平的英语母语者对"哭湿""推倒""忙忘"和"听懂"四类动结式的产出情况，包括对事件结构中参与者角色的加工情况、产出动结式的偏误类型及偏误原因。此外，本书对有动词重复的五类动结式（"洗累""砍钝""教累""问烦"和"卖赔"类）的产出情况也进行了考察。

本书开展习得研究的方法有三种：一是为了考察高级汉语水平的英语母语者对11类动结式的整体理解情况，本书设计了听力理解实验，被试需要把听到的汉语句子书面翻译成英语，并选出句中所含的语义关系；二是为了考察高级汉语水平的英语母语者对有位置变换和无位置变换动结式的加工情况，本书设计了启动条件下的反应时实验，根据被试判断目标句语义合理性的反应时探讨学习者对参与者角色的加工和对致使关系的理解情况；三是为了考察高级汉语水平的英语母语者对汉语动结式的产出情况，本书设计了看视频说话任务，根据被试的产出语料讨论学习者对参与者角色的加工情况，并对产出偏误类型和偏误原因进行分析。

通过上述研究，本书得出以下结论：一是高级汉语水平的英语母语者尚不能完全理解这种类型的动结式，理解致使关系比理解参与者角色及其关系的难度更大。二是从事件结构到句法结构映射过程中是否有位置变换会影响学习者对汉语动结式的理解：在理解有位置变换动结式时，学习者没有对参与者角色中的动作对象进行加工，但可以理解致使关系；在理解无位置变换动结式时，结论正好相反，学习者受到了动作对象的影响，但却不能理解致使关系。三是从事件结构到句法结构映射过程中是否有位置变换会影响学习者对汉语动结式的产出：在产出有位置变换动结式时，学习者没有对参与者角色中的动作对象进行加工，但在产出无位置变换动结式时，则受到了动作对象的影响，这个结论跟学习者对动结式的理解过程是一致的。究其原因，主要在于映射过程中有无位置变换所导致的学习者对动结式的加工方式不同。另外，学习者产出五类有动词重复动结式时，难度并没有显著差异。

关键词： 事件结构，动结式，二语习得，偏误分析

ABSTRACT

Chinese VR construction is an important grammatical phenomenon; it falls into three categories according to the degree of lexicalization, which are words, phrasal words and phrases. We can find corresponding words in English to translate Chinese VR words and phrasal words, so it is not difficult for English native speakers to acquire these Chinese VR constructions. By contrast, both syntactic and semantic structures of Chinese phrasal VR are complicated; it is difficult for learners to acquire them. For these reasons, this article focuses on the study of Chinese phrasal VR (abbreviated hereafter as Chinese VR).

First of all, this article wants to exhaust all the categories of Chinese VR, and analyzes the characteristics of its syntactic and semantic structure. There are three levels in the process of language comprehension and production: event structure, argument structure and syntactic structure. Event structure shows the deep semantic information, it is directly from the objective world; argument structure serves as a link between event structure and syntactic structure; syntactic structure is the superficial form, for which we always can find explanations from the deep semantic structure—event structure. So this article wants to do some acquisition studies based on the analysis of Chinese VR from the perspective of event structure.

Second, the acquisitionstudies of this article fall into two parts: comprehensive and productive. The research purposes are: 1. Investigating the overall comprehensive conditions of 11 kinds of Chinese VR, including whether or not learners can understand the participation roles and the causal relation of event structure, what factors affect the difficulty of comprehension, what errors may come out and what is the deep reason for it. 2. Focusing on the comprehensive conditions of four kinds of Chinese VR, including the processing of participation roles and whether or not learners can understand the causal relation of event structure. The four kinds of Chinese VR have the same syntactic structure, two of them have position transformation in the process of projection from event structure to syntactic structure; otherwise the other two do not. 3. Focusing on the productive conditions of the same four kinds of Chinese VR, including the processing of participation roles, what errors may come out and what is the deep reason for it. Furthermore, we also want to know the productive conditions of Chinese VR with repeated verbs.

Third, the research methods of this article are: 1. To investigate the overall comprehensive conditions of 11 kinds of Chinese VR, we adopt an experiment of listening comprehension, subjects need to translate the Chinese sentences which they've heard to English, and choose correct semantic relations in it; 2. To investigate the comprehensive conditions of four kinds of Chinese VR, we adopt a semantic priming experiment, discuss the processing of participation roles and the comprehension of causal relation in event structure through the a-nalysis of average response time; 3. To investigate the productive conditions of Chinese VR, we design an experiment of "speaking after watching videos", discuss the processing of participation roles, error types of the production materials and the deep reasons.

Last but not least, the article concludes that: 1. Learners with high Chinese proficiency can not completely understand all kinds of Chinese VR, and it is more difficult for learners to understand the causal relation in event structure than participation roles; 2. Learners do not process the target of activity when they comprehend Chinese VR with position transformation, but they can under-stand the causal relation in event structure; by contrast, they do process the target of activity when they comprehend Chinese VR without position transformation, but they cannot understand the causal relation in event structure; 3. Learners do not process the target of activity when they produce Chinese VR with position transformation, but they do process the target of activity when they produce Chinese VR without position transformation. This conclusion is consistent with the above one. The deep reason for that is whether or not there is position transformation during the projection from event structure to syntactic structure. Furthermore, there is no prominent difference when learners produce five kinds of Chinese VR with repeated verbs.

KEY WORDS: Event structure, Chinese VR, second language acquisition, error analysis

目　　录

Contents

第一章

绪　　论

一　选题缘起

在汉语中存在着一类黏合式述补结构，补语由形容词或动词充当，黏附在述语后面，表示述语的结果，我们把这类述补结构叫作动结式。由于述语和补语之间的语义关系有时紧密、有时松散，导致动结式的语法性质难以确定。有的研究认为它是词（吕叔湘，1982；赵元任，1979；范晓，1996），有的认为是短语词（吕文华，2001），还有的认为是短语（王力，1943）。其实，这三个说法各有各的道理，因为动结式可以分为以下三种：

第一种是词，述语与补语之间语义联系紧密，结构也不能再分，如"加强、压缩、改善"等；第二种是短语词，如"看到、找到、打开"等，属于词和短语之间的过渡成分，从语义上来说，述语和补语一主一副，如"看到、找到"中"到"的意义已经开始虚化，仅表示结果达成，"打开"中的"打"也只是为了凑足音节而已；第三种是短语，述语和补语之间语义联系松散，两者意义都很实在，且都可以独立成词，如"哭累、看烦、压断、玩忘"等。第三种动结式组成的句子一般都能分为两个小句，如"张三哭累了"可以分解成"张三哭"和"张三累了"。我们把这种动结式称为短语型动结式。

在本体研究中，第一种和第二种动结式都可以当作词来处理，在第二语言习得（以下简称"二语习得"）研究中，这两种动结式在英文中一般可以找到对应的词，如"加强（strengthen）、改善（improve）、找到（find）、打开（open）"，因此，学习者可以把它们当作一个组块记忆，这样就会大大降低学习难度。而无论在本体研究，还是二语习得研究中，短语型动结式都是一个难点，还有很多尚待解决的问题，因此本书将这种动结式作为研究对象，希望找到制约句法结构的深层语义因素，并在此基础上进行二语得研究。为了表述方便，下文中提到的动结式都特指短语型动结式。

　　动结式的句法结构看似简单，但是从下面的例句我们会发现事实并非如此，如：（句子前的 ＊ 表示该句子不合汉语语法规范，下文同）

（1）他哭累了。（北京大学现代汉语语料库）

　　＊他哭累了他。

（2）张三哭湿了手绢。（北京大学现代汉语语料库）

　　＊张三哭湿了。

（3）妈妈洗衣服洗累了。（施春宏，2008：96）

　　＊妈妈洗累了衣服。

（4）有人推倒椅子，有人站在椅子上。（北京大学现代汉语语料库）

　　＊有人推椅子推倒，有人站在椅子上。

（5）你教李四钢琴教累了。①

　　＊你教钢琴教累了李四。

（6）孩子问问题问烦了爸爸。（施春宏，2008：101）

　　＊孩子问爸爸问题问烦了。②

（7）小王倒③电脑倒赔了一万块钱。（施春宏，2008：99）

　　＊小王倒赔了电脑一万块钱。

（8）拉尔夫神父教会了梅吉骑马。（北京大学现代汉语语料库）

---

① 本书所有没有标明出处的例句，都通过了至少20名汉语母语者的评定。

② 这句话在表达"爸爸烦"的意思时，是不合法的。

③ 这里的"倒"读三声"dǎo"，"倒买倒卖"的意思。

＊拉尔夫神父教梅吉教会了骑马。

　　上述句子中都有动结式,我们的问题是:这类动结式什么情况下带宾语,什么情况下不带宾语,什么情况下带双宾语?如(1)中的"哭累"和(2)中的"哭湿",同为一价动词和一个形容词组成的动结式,为什么"哭湿"可以带宾语,而"哭累"不行?又如(3)中的"洗累"和(4)中的"推倒",同为二价动词和一个形容词或一价动词组成动结式,为什么"洗累"必须用重复动词"洗"引出宾语,而"推倒"却可以直接带宾语?另外,(5)中的"教累"和(6)中的"问烦"都是三价的,都需要用重复动词来引出宾语,但是为什么前者的两个宾语都前置在重复动词后面,而后者一个做重复动词宾语,另一个做动结式宾语?同理,为什么(7)中的"倒赔"不能像(8)中的"教会"那样带双宾语,而必须前置一个?这些问题在现代汉语本体研究中还没有得到解答,需要我们从深层语义层面作进一步的研究。

　　在汉语作为二语习得研究中,动结式即使对于高级汉语水平的英语母语者来说仍然是一个难点,表现在两个方面:一、学习者对这类动结式的使用率低,形式单一。我们考察了2011年HSK六级(最高级)英语母语者的79篇作文,其中使用这类动结式的寥寥无几,仅有的几例都集中在"死"做补语的简单结构,如"打死""饿死"等。二、学习者对这类动结式的使用正确率低,偏误较多,如:"＊东郭把狼放在口袋以后他就打死了",这句话中动结式"打死"的宾语缺失。除此之外,我们设计了几个英翻中的翻译任务,请一名有八年汉语学习经历的高级汉语水平英语母语者完成,结果列举如下:

(9) a. Xiǎo Wén cried (so much) that her eyes became red.

　　　b. ＊小文哭眼睛哭红了。

(10) a. Xiǎo Wén missed her mother very much; this made her crazy.

　　　b. ＊小文想疯了妈妈。

(11) a. The students asked the teacher (too many) questions, as a re-

sult，the teacher felt afraid（of them）.

b. *学生们问老师问题问怕（了）老师。

很显然，该学习者还没有掌握这类汉语动结式的使用规则，如动结式宾语的位置、什么时候重复动词、补语的语义指向等。因此，在进行二语习得研究时，必须在本体研究成果的基础上，找到高级汉语水平英语母语者习得汉语动结式的影响因素和加工方式，才能为教学实践提供有针对性的借鉴。

为了进一步探讨本体研究中关于动结式的难题，并在此基础上分析高级汉语水平英语母语者习得汉语动结式的影响因素和加工方式，我们有必要引入语义学概念，从更深入的语义层面来寻找答案，这个层面就是"词汇概念结构"或"事件结构"。影山太郎（2001）认为词汇的概念结构是语言与外界认知的接口，而论元结构一方面依照一定的连锁规则（linking rules）与词汇概念结构相对应，另一方面把这种对应关系直接反映在句法结构上。也就是说，在语言系统中存在"词汇概念结构——论元结构——句法结构"三个层面。这个思路与施春宏（2008：78）不谋而合，"事件结构经过概念化过程映射到语言结构中来的时候，形成语义结构，这种语义结构从句法的角度来看就是论元结构。最后由论元结构向句法结构映射"。即在事件结构和句法结构中间有一个过渡层面，就是论元结构，如果说事件结构是纯粹的语义层面，句法结构是纯粹的句法层面，那么论元结构就是语义层面和句法层面的接口。在解释语法问题时，我们认为都不可避免地涉及这三个层面，从语义到句法，由本质到现象。如图1—1所示。

根据上述不同角度的分析，对于汉语本体研究、汉语二语习得研究中都是难点的汉语动结式，其事件结构如何分析、如何映射为句法结构、其映射方式如何影响高级汉语水平英语母语者习得汉语动结式等问题，都值得我们继续探讨。

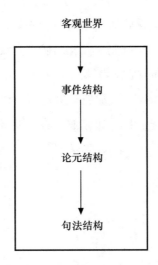

图1—1　从事件结构到句法结构的关系

二　研究问题

根据上文的分析，我们将本书的研究问题确定如下：

第一，如何分析汉语动结式的事件结构及其到句法结构的映射？

第二，事件结构及其到句法结构的映射方式如何影响高级汉语水平英语母语者理解汉语动结式？

第三，事件结构及其到句法结构的映射方式如何影响高级汉语水平英语母语者产出汉语动结式？

三　研究价值与意义

结合本书的选题缘起和研究问题，本书的研究价值和意义总结如下：

第一，将动结式研究从结构描写推进到深层语义分析。本书将贝思·莱文（Beth Levin）和马尔卡·拉帕波特·霍瓦夫（Malka Rappaport Hovav）的事件结构理论应用到汉语动结式的本体研究中来，从更深层、更微观的角度来剖析汉语动结式的事件结构及其到句法结构的映射过程，从而尝试对目前尚存在较多争议和难点的句法问题进行解释。

　　第二，本书的研究成果将对汉语动结式的第二语言教学或学习有指导意义。本书进行了三个实验研究，实验一研究高级汉语水平的英语母语者对汉语动结式的整体理解情况，实验二研究高级汉语水平的英语母语者对汉语动结式的理解加工情况，实验三研究高级汉语水平的英语母语者对汉语动结式的产出加工情况。这些研究成果将有助于汉语第二语言教师或英语母语的学习者根据自己的教学或学习需求，有的放矢地开展教学或学习。

第二章

国内外研究现状

第一节　关于事件结构理论的研究

国外对事件结构（event structure）理论的研究已经比较充分，可以帮助我们透过语言现象看到其本质属性。国内也有一些论著介绍或引用国外的理论成果，这是个可喜的现象。但是由于英语文献中使用的术语偶有不同，如"事件结构""事件框架"（event frame），而且与之相关的概念也被混用，如"概念框架"（conceptual frame/schema）、"概念结构"（conceptual structure）、"词汇概念结构"（lexical conceptual structure），再加上翻译或转引过程中出现的理解不清、以讹传讹等问题，给基于事件结构理论的汉语研究带来了一定的负面影响。因此，在研究开始之前，我们有必要先对术语和概念进行对比和澄清。

一　概念结构的定义及相关研究

（一）什么是"概念"和"结构"

杰肯道夫（Jackendoff）（1989）认为语言学领域的"概念"（concept）相当于物理学领域的"物质"（mass）。其区别是"物质"多是看得到、摸得着的，而"概念"是抽象的、存在于大脑中的"实体"（entity），是客观事物或事件在大脑中的"表征"（representation）。另外，"概念"不是独立存在的，在界定一个"概念"的同时，必须先确定其存在的"背景"（background），要从宏观的角度看它扮演的角色。

　　我们这里所研究的"结构"（structure）即"框架"（frame），来源于菲尔墨的"框架语义学"（frame semantics），指的是"词汇的语义框架"（lexical semantic frame），是概念或者事件存在的"背景"（background），也可以叫"场景"（scene）、"上下文"（context）、"认知模型"（cognitive model）等。没有"框架"，也就不能清楚地定义"概念"。

　　（二）关于概念结构的研究

　　"概念结构（conceptual structure）是拉帕波特、莱文（1988）、杰肯道夫（1990）等提出的术语，基本上等同于语义结构。"（影山太郎，2001）下面我们重点介绍杰肯道夫的研究。杰肯道夫（1989，1991，1992，2002）把"概念结构"表述为"概念框架"（conceptual frame），在这里我们采用"概念结构"的说法。"概念结构"是杰肯道夫所创立的"概念语义学"（Conceptual Semantics）的核心假设，它是语言所表达的信息在大脑中的表征，被称为"思想的句法"（syntax of thought），与"句法结构"（syntactic structure）和"语音结构"（phonological structure）共同构成整个语言体系。事实上，杰肯道夫（1989）认为，除了语言以外，感觉和动作所传递的信息也能以概念结构的形式储存于大脑中。也就是说，在动物的大脑中也存在概念结构，而人类的大脑可以表征更高级的语言信息。

　　杰肯道夫（1989）认为"概念结构"是由一些"概念元素"（conceptual constituents）构成的，这些概念元素是基本的概念单位，包括"状态"（state）、"事件"（event）、"事物"（thing or physical object）、"地点"（place or location）、"路径"（path or trajectory）、"属性"（property）、"数量"（amount）等。一般来说，句法结构中的主要成分都能找到相对应的概念元素。比如：John ran toward the house. 名词词组（NPs）John 和 house 对应"事物"元素，介词词组（PP）toward the house 对应的是"路径"元素，整个句子则对应"事件"元素。值得注意的是，概念元素和句法成分常常不是一对一的关系。比如：名词词组（NPs）可以表达一个"事物"（e. g. the dog），一个"人"（e. g. John），一个"事件"（e. g. the war），或者一个"属性"（e. g. redness）；介词词组（PP）可以表达一个"地点"（in the house），一个"路径"（to the kitchen），或者一个"属性"（in luck）；一个句子（S）可以表达一个"状态"（Bill is here）或者一个"事件"（Bill ran away）。

"概念结构"研究的是"概念元素"的组合方式和在框架中的分布情况，及其对句法层面句法成分之间的组合关系和分布情况产生的影响。而将概念元素组合在一起的就是"概念功能"（conceptual function）。跟"概念元素"一样，"概念功能"是一个开放的集合，如 GO，TO，STAY，CAUSE 等。概念功能概括了概念元素之间的关系，可以与概念元素一起描述一个词汇（动词、介词等）、短语或者句子的概念结构，如下面的 a、b 分别描写了介词 into 和动词 go 的概念结构，其中脚注 A 表示"argument"（论元），而例句 Bill went into the house 可以用概念结构表达式 c 表示，其中 Event，Thing，Path，Place 都是"概念元素"；GO，IN，TO 为"概念功能"[①]。

a. $\begin{bmatrix} \text{into} \\ \text{P} \\ [_{\text{Path}} \text{TO} ([_{\text{Place}} \text{IN} ([_{\text{Thing}}]_A)])] \end{bmatrix}$　　（phonological structure）（syntactic structure）（conceptual structure）

b. $\begin{bmatrix} \text{go} \\ \text{V} \\ [_{\text{Event}} \text{GO} ([_{\text{Thing}}]_A , [_{\text{Path}}]_A)] \end{bmatrix}$　　（phonological structure）（syntactic structure）（conceptual structure）

c. $[_{\text{Event}} \text{GO} ([_{\text{Thing}} \text{BILL}], [_{\text{Path}} \text{TO} ([_{\text{Place}} \text{IN} ([_{\text{Thing}} \text{HOUSE}])])])]$

（三）"概念结构"与"词汇概念结构"理论之比较

事实上，在词汇语义学（Lexical Semantics）框架下，"词汇概念结构"（lexical conceptual structure）的概念早在 20 世纪 80 年代初就已经被广泛应用，它指的是：

A structured lexical representation of verb meaning designed to capture those meaning components which determine grammatical behavior，particularly with respect to argument realization.（莱文、拉帕波特；2008）（本书作者

---

① a，b，c 摘自 Jackendoff，R，"Parts and boundaries"，*Cognition*，1991，41（1）：9–45.

译：动词意义结构化的词汇表征，目的是抓住那些决定语法行为的意义成分，特别是跟论元实现有关系的部分）。

从外延上来看，"概念结构"的研究范围更广，不仅包括动词的"概念结构"，也包括介词、名词等其他词性的；不仅包括词汇的"概念结构"，还包括短语和句子的；不仅包括语言的，甚至也包括非语言的；而"'词汇'这一定语是为表明这是语言表现的概念结构，而不是其他，即通过'词汇'这一附加语可以表明我们的研究对象是语言的意义"（影山太郎，2001）。不仅如此，狭义的"词汇概念结构"理论注重的主要是对词汇中动词的"概念结构"的分析和描写。从内涵上说，"词汇概念结构"假设其编码的信息只是词汇语义的一部分，并不能表征词汇语义的所有信息，而杰肯道夫的研究则力图用"概念结构"来概括动词语义的全部信息，它假设人的大脑中存在一个单独的"概念表征层"（a level of conceptual representation），既可以表征语言信息，包括动词语义信息，甚至也可以表征非语言信息。为了达到这个目的，无论是在指定"概念元素"，还是在选择"概念功能"的时候，杰肯道夫都采取开放的态度。一般来说，"词汇概念结构"理论选择的"基元谓词"（primitive predicate，即概念功能）有 ACT/DO，BE，BECOME/CHANGE，CAUSE，GO，还有 HAVE，MOVE，STAY，RESULT，而杰肯道夫（1990）则引用了更大量的"概念功能"，如 CONFIGURE，EXTEND，EXCHANGE，FORM，INCH（OATIVE），ORIENT 和 REACT，我们认为，这样的概括虽然全面，但是却缺乏操作的简便性。

事实上，"词汇概念结构"理论和杰肯道夫关于动词语义的"概念结构"理论并没有实质的差别，两者都是动词语义在大脑中结构化的表征，目的都是研究动词语义对句法结构，特别是论元实现的制约作用。另外，两者都采用"谓词语义分解"（predicate decompositions）的分析方式，以 break 为例：

（1）break：y come to be BROKEN

（2）break：x cause（y come to be BROKEN）

（1）是 break 不及物动词的用法：（2）是及物动词的用法，x 和 y 都是事件的参与者角色，x 表示活动事件的发出者，y 表示达成事件中位置或状态发生改变的角色。以上的概念结构中除了动词 break 本身的意义 BROKEN 以外，come，cause 表达的是动词 break 的结构义。这样的词具有高度的概括性，可以编码具有相同语义类型的动词的概念结构，我们称之为"基元谓词"①（primitive predicate）。再如：

（3）open：y come to be OPEN
（4）open：x cause（y come to be OPEN）

二　基于英语动词分类的事件结构研究

如果说"概念结构"和"词汇概念结构"是心理语言学概念，即它从心理学角度阐释了句子、短语或词汇的语义结构，那么"事件"和"事件结构"就是从客观世界出发，通过对真实发生的事件的描写来阐释动词的语义结构。顾名思义，"事件"离不开动词，要研究事件的类型就得从动词的分类说起。

（一）英语动词的分类研究

万德勒（Vendler）（1967）根据动词的"体貌特征"（aspectual features）把英语动词分为四类：状态（state）、活动（activity）、达成（achievement）、实现（accomplishment）②。状态动词如 love，A loved somebody from t1 to t2 的意思是在 t1 到 t2 的任何时间点 A loved that person 的状态不变；活动动词如 run，A was running 的意思是在某个时间段里的任何一个时间点，A 都在做 run 的动作；达成动词如 arrive，Mary arrived at t 的意思是 Mary 在 t 这个时间点完成了状态的改变；实现动词如 draw，A drew a circle 表明 a circle 是 draw 这个动作的实现和结果，而这个结果的实现要经历一个过程。

---

① 实际上，我们认为这里的"基元谓词"相当于杰肯道夫的"概念功能"。
② 术语翻译参考《汉语动结式的句法语义研究》（施春宏，2008）。

从以上的描述可以得知，状态和活动动词是要在某个时间段内保持状态或者动作不变，而达成和实现动词则强调在一定的时间点或时间段内动作的实现或者结果的实现，具有"完结性"（telic）特征。如表 2—1 所示。

表 2—1　　　　　　　　　　**四类英语动词的完结性特征**

	完结性（telic）
状态（state）	无
活动（activity）	
实现（accomplishment）	有
达成（achievement）	

学者们还尝试用时态的办法来考察四类动词的区别，"进行时态"（continuous tenses）表示某个过程正在进行，而达成动词则表示动作的瞬间实现，与该时态的含义不符，例如：＊David was reaching the top，而 He is pushing the car/ He was writing a letter 则是可接受的。因此可以说活动和实现动词具有"延续性"（durative）。而状态动词虽然没有进行时态，如＊Mary is knowing the answer，但它自身就表示状态的延续。如表 2—2 所示。

表 2—2　　　　　　　　　　**四类英语动词的延续性特征**

	延续性（durative）
状态（state）	
活动（activity）	有
实现（accomplishment）	
达成（achievement）	无

另外，达成动词也不能跟表示时间段的 for 短语搭配，如＊He has arrived for three days，因为达成动词强调在某一个时间点的动作实现，即具有瞬时性，所以，达成动词可以跟 at 词组搭配，如 He reached the top at

10 am。动词的瞬时性特征如表2—3所示。

表 2—3　　　　　　　　　　四类英语动词的瞬时性特征

	瞬时性（instant）
状态（state）	无
活动（activity）	
实现（accomplishment）	
达成（achievement）	有

观察表2—2和表2—3，延续性和瞬时性具有互补关系，所以我们只保留瞬时性特征。

用"延续性"或"瞬时性"特征分离出达成动词以后，区分状态动词和其他两类动词不难，状态动词不具备"动作性"（dynamic），从不出现在命令句中［道蒂（Dowty），1979］，例如：

（1）a. Mary knew it.
　　　b. * Know it!

但是辨析清楚活动动词和实现动词还有一定的难度。一个经典的测试是 v – ing，如下：

（2）a. John is running. Entails John has run.
　　　b. John is building a house. Does not entail John has built a house.

如果 x is v – ing 可以理解为 x has V – ed，那么该动词为活动动词，如（2）a 中的 run；如果 x is v – ing 不能理解为 x has V – ed，那么该动词为实现动词，如（2）b 中的 build。

另外，活动动词表示如果在一段时间里做某一个动作，如 He ran for an hour，表示在这个时间段里的任意一个时间点，他都在做 ran 的动作；

但是实现动词则不然，如？He drew a circle for an hour（句前使用的"？"表示该句子的接受度不高，下文同）。① 可接受度不高，原因是 drew a circle 的动作有可能在这个时间段的任何一点发生，他可能休息了半小时，利用剩下的半小时完成了动作，该动词所表达的事件强调的是完成，所以说 He drew a circle in an hour 更好些。相反，活动动词一般不跟 in 短语搭配，如 *He ran in an hour。

最后，还可以用副词 almost 来检验。请看下面的例句：

（3）a. John almost swam.

　　　b. John almost painted a picture.

（3）a 指的是 John 想要实施 swimming 的行为，但是没有开始。（3）b 有两种解释：一是 John 想要实施 painting 的行为，但是没有开始；二是 John 已经开始了 painting 的行为，但是还没有完成 paint a picture 的实现。因此，如果动词前加 almost 没有歧义，则该动词为活动动词，如（3）a 中的 swim；如果动词前加 almost 使句子意思产生了歧义，则该动词为实现动词，如（3）b 中的 paint。

综合以上分析，四类动词的特点如表 2—4 所示。

表 2—4　　　　　　　　　　四类英语动词的特征比较

	动作性（dynamic）	完结性（telic）	瞬时性（instant）
状态（state）	无	无	无
活动（activity）	有		
实现（accomplishment）		有	
达成（achievement）			有

---

① 这个句子在汉语中是有歧义的，他画圈画了一个小时，既可以表示"画圈"这个动作持续了一个小时，这时是活动动词，也可以表示"圈"这个结果的实现用了一个小时，这时是实现动词。此处的英语句子中由于在动词 drew 后有宾语 a circle，因此指的是后者。

由于动词的分类对于我们的下一步研究至关重要，关系到动词所表达的事件和事件结构的类别，所以表2—5和表2—6总结了区分这四类动词的详细的操作定义。

表2—5 **区分四类英语动词的操作方法**

	– ing	– for	– in
状态（state）	×	√	×
活动（activity）	√	√	×
实现（accomplishment）	√	×	√
达成（achievement）	×	×	√

表2—6 **区分活动和实现动词的操作方法**

	– ing	– for	– almost
活动（activity）	Entails has – ed	√	无歧义
实现（accomplishment）	Does not entail has – ed	×	有歧义

然而，在现实语境中，动词的类别划分也不是固定的，由于动词的多义性，同一个动词在不同的上下文中可能分属于不同的类别。例如：在句子 He ran a mile 中，ran 更像一个实现动词，因此，* He ran a mile for a hour 听起来很奇怪。而当实现动词的宾语是复数时，实现动词更像是活动动词，如 * He wrote letters in an hour 是不合语法的，这就是所谓的动词"类型转换"（type shifting）。因此，对特定动词的语义描写常常需结合句子语境进行。

（二）基于动词分类的"事件"

根据万德勒（Vendler）（1967）对动词的分类，动词所在的句子也被分为状态、活动、实现、达成四种类型，但具体哪种类型的句子可以表达"事件"，不同学者有不同的看法。

莫雷拉托斯（Mourelatos）（1978）在万德勒（1967）的基础上对英语动词重新划分了系统，如图2—1所示。不难看出，这里的"事件"只包括达成和实现两类句子。这跟范·兰巴哈（Van Lambalgen）、哈姆（Hamm）（2005）对"事件"的定义一致。

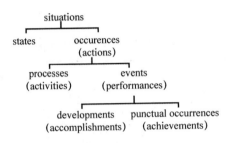

图 2—1 莫雷拉托斯（1978）的事件类型

杰肯道夫（1992）从"体貌特征"的角度分析，认为"事件"（event）和"过程"（process）是两个平行的概念。"事件"具有"完结性"（telic）特征，而"过程"是"非完结性"（atelic）的。也就是说，Jackendoff 也认为"事件"包括达成和实现两类句子。

根据杰肯道夫（1991）的研究，检验是否完结性的标准是 ［±bounded］，［+bounded］与"完结性"（telic）相对，［-bounded］与"非完结性"（atelic）相对。一般来说，可数名词或单数名词为 ［+bounded］，不可数名词或集合名词为 ［-bounded］；具有内在终点的路径（如：into the forest）为 ［+bounded］，不具有内在终点的路径（如：along the road）为 ［-bounded］。例如，（4a）为事件，具有完结性，因为其主语和路径皆为 ［+bounded］，而（4b）为过程，具有非完结性，因为其路径为 ［-bounded］。（4c）同样具有非完结性，因为其主语为 ［-bounded］的集合名词。（4d）具有非完结性，因为其动词为状态动词，表达的是"状态"（state）。

（4）a. John walked into the forest.

　　b. John walked along the road.

　　c. People walked into the forest.

d. The road leads into the forest.

普斯特若夫斯基（Pustejovsky）（1991）则认为无论是状态、过程还是达成、实现动词都可以表达事件。达成和实现动词概括为变化动词，如表2—7所示。

表2—7　　　　　　普斯特若夫斯基（1991）的事件类型

类别		特点	词例
event （事件）	State （状态）	一个个体性事件，一般认为该事件与其他事件不相关联	sick，love，know
	Process （过程）	由具有相同语义的一系列子事件构成的事件表达	run，push，drug
Transition （变化）	achievements	这种事件表达一个语义内容，该语义内容与它的对立面相关联	give，open，build，destroy
	accomplishments		

福利、哈利（2006）把动词分为四类，一类是状态，另外三类表达事件。玛尼（Mani）、普斯特若夫斯基、盖佐斯卡斯（Gaizauskas）（2005）也改变了之前的说法，把状态独立于事件之外，如表2—8所示。

表2—8　　玛尼、普斯特若夫斯基、盖佐斯卡斯（2005）的事件类型

	范畴	词例
事件（event）	活动（activity）	run，push，swim
	达成（achievement）	recognize，reach，win
	实现（accomplishment）	break，open，close

根据以上分析，有的学者倾向于把达成和实现两类句子归为"事件"，有的则把活动也包括在内，广义的"事件"概念则包含了四类句子。根据本书的研究内容和目的，我们采纳玛尼、普斯特若夫斯基、盖佐斯卡斯（2005）等的观点，认为事件分为活动、达成和实现三种类型。

在此基础上，我们重新对"事件"进行了界定，即：在特定的空间与时间，被观察者感知的动作、活动或变化①。

（三）关于事件结构的研究

"事件结构"，顾名思义，指的是事件的内部结构，也称为"事件框架"（event frame），泰尔米（Talmy）（2000）认为"事件框架"指的是一组同时可被唤起或相互唤起的概念成分和关系。无论从使用的术语（框架），还是从定义的角度（心理学）都不难看出，泰尔米对"事件结构"的理解受到了"概念框架"的影响。

目前对"事件"和"事件结构"的研究成果比较丰富，研究方法和理论背景也有所不同，但都离不开"词汇"和"句法"两个角度。

"词汇语义学重视研究动词语义对句法形式的影响与制约关系，把动词语义分解与事件结构对应起来，分析动词对句法形式的制约与影响作用。"（孟艳华，2009）这个以词汇为出发点的角度也就是朱怀（2011）所说的"从词库映射到句法的事件"和周长银（2010）介绍的"词汇分解模式"，另外还有孙英杰（2005）和樊友新（2011）的相关研究。

朱怀（2011）认为，"词汇"角度有三种主要的研究方法：处所分析法（Localist Approach）、"体"分析法（Aspectual Approach）和致使分析法（Causal Approach），孙英杰（2005）也有此观点②。"处所分析法"的假设是所有动词都可以被分解为位移动词或处所动词。此方法的主要成果是："源点—途径—实现"概念框架［以费尔默（Fillmore）为代表］、"移动主体—移动—路径—参照物"概念框架（泰尔米）、"功能—论元"（杰肯道夫）、兰盖克·R. W.（Langacker R. W.）的移动事件概念框架。（李雪，2012）"体"分析法是建立在万德勒（1967）对动词分类的基础上的，其核心问题是考察动词的"完结性"（telic），目的是发现动词的"体"（aspect）对应的事件结构，及其对句法的影响。这类研究的践行者众多，主要是道蒂（1979）；伍尔斯特（Voorst）（1988）；格雷姆肖

---

① 需要注意的是，我们这里所说的"事件"不同于客观发生事件，而是认知层面的。
② 孙英杰（2005）所用的术语为"方位法""体貌法"和"因果法"。

（Grimshaw）（1990）；坦尼（Tenny）（1994）；拉帕波特、莱文（1998）；莱文、霍瓦夫（2005）；莱文、拉帕波特（2008）等。"致使分析法"认为事件是由一系列致使环节组成的"致使链①"（causal chain），"致使链"每个环节连接两个事件参与者角色，这种分析法主要见于克罗夫特（1991，1998）的研究。我们认为，无论是处所分析法、"体"分析法还是致使分析法都是联系、交叉在一起的，不能截然分开，特别是"体"分析法可以用来分析带有处所义或致使义的词汇或结构。

关于"句法"的角度，孟艳华（2009）认为，句法研究的是人类语言的普遍结构，其研究成果是发现大量语言现象是事件语义与句法结构相互作用的结果。朱怀（2011）把这个角度概括为"直接映射到句法的事件"，樊友新（2011）认为，句法角度的事件研究包括事件本身无结构和有可分解的结构两部分。既然是事件，我们默认为其结构都是可分解的。从这个角度进行研究的学者主要是普斯特若夫斯基、坦尼（2000）。

另外，孟艳华（2009）还提出了"认知"的角度，认知语义学认为动词的论元结构不同的原因是动词激活的事件场景不同，而事件场景是通过认知运作结构化和概念化的。从认知语言学理论来看，语言使用者进行事件建构及其使用语言表征事件结构的基本过程如图2—2所示。

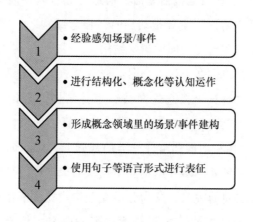

1	• 经验感知场景/事件
2	• 进行结构化、概念化等认知运作
3	• 形成概念领域里的场景/事件建构
4	• 使用句子等语言形式进行表征

图2—2　事件建构及其表征过程［孟艳华（2009）］

---

① 也有学者翻译成"使因链"。

本书将从词汇角度的"体"分析法出发,运用分析动结式词汇语义结构的方法来分析其所在句子的事件结构,进而找到句子的深层语义结构(即事件结构)与表层句法结构之间的关联,探讨深层语义结构到表层句法结构的映射过程和规则。

(四)"概念结构""词汇概念结构"与"事件结构"理论之比较

综合以上分析,"概念结构""词汇概念结构"与"事件结构"既有相同点又有不同。相同之处有二:一是它们表示的都是"语义结构",与"句法结构"相对;二是它们的研究方法都采用了"谓词语义分解法",虽然三者使用的术语有所不同,但结果大都殊途同归。不同之处我们将从以下三个方面进行分析:

第一,从研究角度来说。"概念结构"和"词汇概念结构"侧重心理学视角,杰肯道夫把大脑分出一个"概念表征层",用来表征一切语言或非语言所表达的信息,因此"概念结构"又被称为"思想的句法"。而"事件结构"是从客观世界中真实发生的事件出发,描写其内部事件角色之间的组合关系,或者事件与事件之间的整合情况。

第二,从外延上来说。"概念结构"不仅可以表征语言信息(如词汇、短语、句子),甚至也包括非语言信息(如符号、表情、动作)的表征;而"词汇概念结构"主要指动词的"概念结构"。"事件结构"主要描写活动、达成和实现类动词的语义结构。

第三,从发展的角度来说。"词汇概念结构"理论主要流行于20世纪八九十年代,之后这个概念逐渐被"事件结构"理论所代替,或者说"事件结构"理论成为研究词汇概念结构的主要工具和方式。主要原因是"事件结构"理论能在动词和事件分类的基础上,对动词语义进行比较规范和概括的描写。另外,事件结构除了描写简单事件以外,还可以描写复杂事件中子事件之间的关系,这为分析复杂句式提供了依据。

从"事件"和"事件结构"角度进行的研究主要有戴维森(Davidson)(1967),道蒂(1979),伍尔斯特(1988),格雷姆肖(1990),普斯特若夫斯基(1991,2000),普斯特若夫斯基、坦尼(2000),泰尔米

（2000），拉帕波特、莱文（1998），莱文、拉帕波特（2005，2008）等。下面我们主要介绍具有代表性的莱文、拉帕波特的研究及其理论。

三　莱文、拉帕波特的事件结构理论

（一）方式动词和结果动词

根据拉帕波特、莱文（1998）的观点，从词汇语义学的角度，动词可大致分为两类：方式动词（manner verb）和结果动词（result verb）。"方式动词"即我们所说的活动动词，它表示动作以某种方式得以进行；"结果动词"指的是具有完结意义的动词，对应于上文的实现动词和达成动词。结果动词有两种：一是表示"结果状态"（resulting state），二是表示"结果地点"（resulting location）。结果动词在句法上的限制要比动作动词多。首先，两个论元的方式动词允许直接宾语的省略，如（5a），而两个论元的结果动词不允许，如（5b）；其次，方式动词允许多种形式的论元，如（6a）中的 sweep 可以带表示方位变化（change of location）的介词短语，而结果动词 break 则不能，如（6b）。

（5）a. Leslie swept.

　　b. *Kelly broke.

（6）a. Kelly swept the leaves off the sidewalk.

　　b. *Kelly broke the dishes off the table.

（二）事件结构表达式

拉帕波特、莱文（1998）认为，动词的语义包括两个部分：一个是"结构"（structural）部分，决定所在句子的结构特征；另一个是动词"异质"（idiosyncratic）部分，即与其他动词的区别特征，也称为"根"（roots）。动词的事件结构可以用"事件结构表达式"（event structure template），也叫"词汇语义表达式"（lexical semantic template）或者"词汇语义表征"（lexical semantic representation）来描写。下面的事件结构表达式代表了三种主要的"事件类型"（event types）：

$$[\,x\ ACT_{<MANNER>}\,]\qquad\qquad\qquad\qquad（活动事件）$$

$$[\,BECOME\ [\,x<STATE/PLACE>\,]\,]\qquad（达成事件）$$

$$[\,x\ CAUSE\ [\,BECOME\ [\,y<STATE/PLACE>\,]\,]\,]\quad（实现事件）$$

$$[\,[\,x\ ACT_{<MANNER>}\,]\ CAUSE\ [\,BECOME\ [\,y<STATE/PLACE>\,]\,]\,]$$

$$（实现事件）$$

　　观察上述事件结构表达式，可以看出，它主要包含三种成分，第一种成分是"基元谓词①"（primitive predicate），如 ACT，BECOME，CAUSE。这些基元谓词是同一类动词所共有的，代表了相同的"结构"特征，在事件结构表达式中用大写字母表示。第二种成分是尖括号里的"语义常量"（constant），即动词的"异质"／"根"部分，如 STATE，PLACE，MANNER 等。其中大尖括号里的 STATE 和 PLACE 是动词作用下的实体最终所达到的状态或到达的位置，如描写动词 break 的事件结构表达式时，STATE 应该为 BROKEN；小尖括号中的 MANNER 代表动词自身隐含的方式义，如"jog"除了"跑"的意思以外，还隐含了"慢（跑）"的方式。实际上，除了 MANNER 外，动词自身的隐含义还有其他，比如 hammer，brush 隐含了 INSTRUMENT（工具义），bag，box，garage 隐含了 CON-TAINER（容器义）等。语义常量不是一个封闭类，根据动词语义可以添加。第三种成分是参与者角色，是动词事件的参与者，在没有具体语境的情况下用变量 x，y 表示。

$$[\,x\ ACT_{<MANNER>}\,]\qquad\qquad\qquad\qquad（活动事件）$$

$$[\,BECOME\ [\,x<STATE/PLACE>\,]\,]\qquad（达成事件）$$

　　以上两个是简单的事件结构表达式，它们由基元谓词（ACT，BE-COME）、语义常量（MANNER，STATE，PLACE）和一个参与者角色

---

① 术语的翻译参看朱怀（2011）。

（x）组成，这个参与者角色是由结构指派的。但是，在现实生活中，复杂事件更为常见，复杂事件结构表达式常常由两个简单事件结构表达式整合而成，这就叫"表达式增容"（Template Augmentation）。如 break 的事件结构为：

$$[[x \; ACT_{<MANNER>}] \; CAUSE \; [BECOME \; [y <BROKEN>]]]$$

这个复杂事件由"活动"和"达成"两个子事件组成，这两个子事件又是由 CAUSE 连接的，它们之间是致使关系，因此，我们也把这样的复杂事件叫致使事件（causal event）。在这个致使事件结构中，有 x 和 y 两个参与者角色，分别由"活动"和"达成"两个子事件指派。那么这两个参与者角色又是怎么实现论元的呢？

（三）论元实现条件

Argument Realization Condition[①]：

a. There must be an argument XP in the syntax for each structure participant in the event structure.

b. Each argument XP in the syntax must be associated with an identified subevent in the event structure.

论元实现条件（本文作者译）：

a. 句法结构中一定要为事件结构中结构指派的参与者角色预留论元位置 XP；

b. 事件结构中的每个子事件必须与句法结构中的论元位置 XP 相关联。[②]

---

① 在 Building verb meanings（1998）的基础上，我们还参考了贝思·莱文 2009 年在 UC Berkeley 授课的内容。

② 也就是说，每个子事件中的参与者角色必须在句法结构中找到论元位置，这就是"Argument-Per-Subevent Condition"。

需要注意的是，a 中的参与者角色是结构指派的，如果不是结构指派的可能实现不了论元。所以，如果一个活动事件结构，如（7）包括两个参与者角色，一个是结构指派的 x，另一个是语义常量指派的 y，那么根据"论元实现条件 a"，结构指派的参与者角色在句法中一定实现为论元，但语义常量指派的参与者角色可以不出现，如（8a）。但是在一定的语义和语用条件下，语义常量指派的参与者角色也"可恢复"（recoverable）①，（8a）中的不及物动词 sweep 隐含一个"打扫物体表面"的意思，如果碰到一个凸显表面的实体（floor），则该实体所代表的参与者角色被恢复，如（8b）。实现事件是一个复杂事件，包括活动和达成两个子事件，以（8c）为例，break 的 S（Phil）和 O（the vase）分别跟两个子事件相对应，S 是活动子事件结构指派的参与者角色指定论元，O 是达成子事件结构指派的参与者角色指定论元，根据"论元实现条件 b"，两个论元缺一不可，所以（8d）是不成立的。

(7) $[\,x\ ACT < sweep > \underline{y}\,]$

(8) a. Phil swept.

     b. Phil swept the floor.

     c. Phil broke the vase.

     d. * Phil broke.

四   汉语中关于事件结构的研究

从所见的文献来看，关于概念框架/结构的研究主要是评介杰肯道夫的概念语义学或以此为理论基础研究汉语问题，如程琪龙（1995，1996，1997，2001，2006，2007）。关于事件结构/框架，则以研究运动事件的文章居多，如罗杏焕（2008）从类型学的角度对英汉的运动事件框架进行了分析，认为汉语不是典型的附加语框架语言，而是并列式结构语言；周

---

①   这个"可恢复"说得比较含混，它的具体条件是什么，作者没有给出详细的操作定义。

长银、黄银鸿（2012）认为，根据泰尔米（2000）的事件框架理论，汉语和英语同属于附加语框架型语言，但两者在表达相同的运动事件框架时却在句法结构和词汇语义方面存在着差异。

针对本书的研究内容，我们重点介绍事件结构框架下的汉英动结式研究。张（Chang）（2003）以汉语动结式中动词和补语的语义关系为分类标准，把汉语动结式分为五类，并在范·瓦林（Van Valin）、拉波拉（Lapolla）（1997）的理论框架下对这五类动结式进行了事件结构描写，通过观察事件结构与句法结构的对应关系，总结出了从事件结构到句法结构映射的五条规则。文章还分析了汉语动结式在"把"字句、"被"字句与重动句等变式中的分布情况。甄玉（2009）从事件结构的角度说明了汉语动结式的生成过程，认为动结式是在句法层面实现的，但论元是由相应的事件谓词而非动词本身引入句法结构的。在引入汉语动结式的致使义时，甄玉参照的是林（Lin）（2004）的理论。王寅（2009）基于莱考夫（Lakoff）、约翰逊（Johnson）（1999）的体验哲学提出了体验性事件结构，并试图用该理论来分析英语动结式，王文归纳了英语动结式的七种经验性含义，并以此为基础对各种句式的语法化过程加以解释。朱旻文（2013）以泰尔米的因果事件框架理论为依据，指出认知结果结构的四种模式，即"动词包含动作、结果和方式""动词包含动作和结果，不包含方式""动词包含动作和方式，不包含结果"和"动作只包含动作，不包含结果和方式"。汉语属于第三种"动词包含动作和方式，不包含结果"，结果由补语提供，因此汉语属于典型的卫星框架语言；而英语的结果结构四种模式都有，朱文把它归为弱卫星框架语言。

综合以上研究，虽然都是以事件结构/框架理论为出发点，但是其研究的侧重点、方法和说明的问题都有所不同。我们认为无论是范·瓦林、拉波拉（1997）以及泰尔米（2000）的事件框架理论还是以莱考夫、约翰逊（1999）为基础的体验性事件结构理论，相对来说都比较宏观，而林（2004）的事件结构理论更偏向于生成语法。我们的研究旨在从微观的角度深入分析汉语动结式的结构和语义特点，这正是莱文、拉帕波特的事件结构理论体系的长处。因此，本书的研究问题之一确定为：汉语短语型动结式的事件结构及其到句法结构的映射方式如何。

第二节　关于汉语动结式的本体研究

一　动结式的结构研究

(一)　动结式的构成

动结式由两部分组成，述语和补语。需要注意的是，构成补语的成分有一些动词（如"听懂、教会"），但主要是形容词（如"哭累、推倒、洗累、教坏"），且形容词后一般不带受事成分，因此我们把形容词也看成一价动词。

一般来说，述语都是单音节的，如"哭红、打碎、追累、喝醉"中的"哭、打、追、喝"。而做补语的形容词有单音节的，也有双音节的。根据马真、陆俭明（1997a）的研究，单音节形容词基本上都能做结果补语，而双音节形容词做结果补语的能力远不如单音节形容词，如"贵、粗、错"可以跟动词搭配构成动结式"买贵（了）、变粗（了）、写错（了）"，但是同样语义的双音节形容词"昂贵、粗壮、错误"就不能做结果补语，如"＊买昂贵（了）、＊变粗壮（了）、＊写错误（了）"。考虑到研究的效度，本书暂不考虑双音节形容词做补语的情况。

至于动词做补语的情况，主要有"懂、会、烦、怕、忘、输、赢、赔、赚"等，如"听懂、学会、学烦、打怕、睡忘、踢输、打赢、倒赔、卖赚"等。根据观察，这类补语也都是单音节的[①]。单音节动词做补语的动结式虽然数量不多，但是很有特点，无论是深层结构还是表层形式都不同于形容词做补语的情况，所以也列入本书的研究范围。

综上所述，根据动结式的音节构成情况，本书将研究范围进一步缩小到述语和补语（形容词或动词）都为单音节的短语型动结式。

---

① 我们也发现了两个双音节的情况，即"明白""清楚"，由于数量少，不列入本书的研究范围。

（二）动结式的层次分析

要彻底搞清楚动结式的结构和语义特点，除了从横向的角度分析其构成以外，还必须从纵向的角度分析它的层次。施春宏（2008：6）将动结式分为两个层次，动词和补语称作"底层动词"（underlying verb），动结式称作"高层结构式"（higher construction）。那么，两个底层动词的论元是如何提升成为高层结构式的论元的，即动词和补语的论元结构是如何整合成为动结式的论元结构的，其内在动因是什么，有什么整合原则，解决这些问题是目前在生成语法框架下动结式研究的重点。

目前比较有代表性的是施春宏（2005）的研究成果，他根据动结式的语义关系对动结式论元结构整合的影响，提出了动结式论元结构整合过程中所遵循的界限原则，并在此基础上对各种论元结构的整合类型分别进行了描写。施春宏（2008）在《汉语动结式的句法语义研究》一书中，从"动结式的内部语义关系""动结式论元结构的整合类型及其配价层级""动结式致事的类型、语义性质及其句法表现""由动结式构成的各种句式之间的关系""不同类型动结式的句法性质差异"以及"动结式句法配位方式的历时演变过程"六个角度对汉语动结式进行了全面的分析。

施文的理论依据主要是生成语法的论元结构及其整合理论，将动结式研究从句法层面推进到了论元层面，在这个理论的指导下，一些语言现象得到了解释。本书将在此基础上，从论元层面继续深入语义层面，运用事件结构理论，对汉语动结式的内在语义结构、从语义到句法的映射作进一步的分析，希望得出更具有概括性的结论，并为动结式作为二语的习得研究提供语言学基础。

（三）动结式的结构核心

动结式结构核心的判定是一项看似简单，实则非常复杂的工作，它涉及语义核心、配价和"体"等多个层面。由于这个问题不是本书重点，我们只列举研究结果，具体研究过程不在此详谈，学界主要有以下三种观点：一是述语是动结式的结构核心，即动结式是一种向心的主从结构。持这种看法的学者有张志公（1952）、丁声树等（1961）、吕叔湘（1980）、Li（1993）、沈家煊（2003）、宋文辉（2004）等。二是补语是动结式的结构核心，即动结式是一种离心的从主结构。持这种看法的学者有李临定（1984）、马希文（1987）、詹人凤（1989）等。三是动结式的核心可以是述语，也可以是补语。任鹰（2001）通过对主宾语可以交换位置的动补结构的考察，证实了这一点。袁毓林（2001）从历时和共时两个角度全面论证了现代汉语动结式的句法核心在动词上，语义核心在补语上，句法和语义不平衡。

二　动结式的语义研究

（一）动结式的致使义

吕叔湘（1942）的《中国文法要略》最早注意到了动结式这一事实。他指出跟文言里的"致使句"类似，白话里也有一种句法表致使义，如："把河开深、把衣服蒸熟。"最早对动结式给予界定的是王力（1943）的《中国现代语法》，他将动结式称为"使成式"，定义为"凡叙述词和它的末品补语成为因果关系者，叫作使成式"。

施春宏（2008：40—59）认为并不是所有的动结式都表示致使关系，他将动结式分为三大类：自变类动结式（self-changing VRC）、评述类动结式（theme-comment VRC）和致役类动结式（causer-causee VRC）。其中，自变类动结式和评述类动结式都不表示致使关系。自变类动结式表示前后相继的两个状态的转变，如"睡醒、开败、长高、变宽"；述评类动结式指对动作本身的直接评述，如"睡迟、看久"，或者结果偏离了预期，如"买贵（了）①、教深（了）"。由于以上两类都不是典型的动结式，所以暂不纳入本书的研究范围。

致役类动结式作为典型的动结式类型，表示的是致使关系，是本书的主要研究对象。按照动结式的层次分析，我们知道动结式分为底层动词和高级结构式（即动结式）两个层次，在分析致役类动结式的时候，关键是搞清楚两个问题：（1）哪个词是动结式的"致事"；（2）动结式的"致事"是从哪儿提升上来的。关于第一个问题，"致事"一般指的

---

① 表结果偏离预期的动结式往往带"了"。

是致使事件的发出者或引发者，对于动结式来说，就是动结式的发出者或引发者，可以通过语义分析得到；关于第二个问题，"学界一般根据致事的来源不同将致事分为三类：由述语的施事提升上来的致事、由述语的受事提升上来的致事、非述语和补语直接参与者的致事"（施春宏，2008：45）。

　　从致事的来源角度，施春宏（2008：52—59）认为致役类动结式可以分为内在致使关系（internal causative relationship）和外在致使关系（external causative relationship）两类。在内在致使关系中，如果述语的施事就是动结式的致事，那么这种致使关系叫显性致使关系（overt causative relationship），如"爸爸擦干眼泪"中动结式"擦干"的致事（"爸爸"）就是底层动词"擦"的施事（"爸爸"）；还有一种内在致使关系，叫隐性致使关系（covert causative relationship），即动结式的致事并不是底层动词的施事，而是底层动词的受事。从重动句中可以明显地看到这一点，如"本地人看那些时髦太太和小姐看花了眼睛"，"本地人"是述语"看"的施事，但却不是动结式"看花"的致事，真正的致事是"那些时髦太太和小姐"①，这里的致事并不是致使动作的直接发出者，而是致使关系的引发者。总而言之，在内在致使关系中，如果述语是不及物动词，则只能是显性致使关系，如"她哭累了、小孩儿哭红了眼睛"；如果述语是及物动词，且可以用重动句的形式引出受事，则这种致使关系为隐性致使关系，如"我洗衣服洗累了、快递员送包裹送累了"。需要注意的是，有些动结式虽然述语为及物动词，可以带受事宾语，但它并不是隐性致使关系，如"他压扁了球"，因为它的受事不能用重动句的形式引出。至于外在致使关系，指的是致事来自于外部，即非述语和补语的直接参与者，如"一场大旱干死了刚透青的麦苗"，这不在本书的研究范围之内。

　　由于这里面的概念比较复杂，我们用图2—3来表示其中的层次关系，椭圆里的部分为本书的研究对象。

---

　　①　由此可见，动结式的致事并不一定出现在句首的位置。

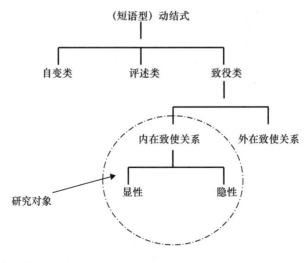

图 2—3　汉语动结式的类型

（二）动结式的语义指向

　　动结式中补语的语义指向是语法学界比较感兴趣的话题，下面我们选择有代表性的研究进行介绍。

　　马真、陆俭明（1997b、c）把形容词充当的结果补语的语义指向分为十种：（1）指向述语所表示的行为动作本身，如"来早了"；（2）指向述语所表示的行为动作的施事，如"写累了"；（3）指向当事人的人体器官或人体某部分，如"她哭红了眼睛"；（4）指向述语所表示的行为动作的受事，如"把球压扁了"；（5）指向述语所表示的行为的主事，主事是指非自发的行为的主体，如"花儿变红了"；（6）指向述语所表示的行为动作所凭借的工具，如"刀砍钝了"；（7）指向述语所表示的行为动作的产物，如"坑挖浅了"；（8）指向述语所表示的行为动作的施事或受事所在的处所，如"房间里坐满了人"；（9）指向述语所表示的行为动作的施事或受事的距离，如"球踢远了"；（10）指向述语的同源成分，如"火烧旺了"。

　　"石毓智、李讷（2001）将述补结构补语的语义指向概括为句子的三个基本成分——主语（S）、中心谓语（V）、宾语（O），认为：补语的语义可以指向 S，描写主语所代表的事物的性质；可以指向 V，表示行为动作进行的状况或阶段、发展的结果、实现的可能性；也可以指向 O，此时情况比较复杂，可根据动词与补语的特点再细分"（转引自石慧敏，2011）。

李晓东（2008）归纳出动结式补语语义指向的制约条件，并在优选理论的框架下按照重要性对其进行了排序，即：次语类制约/语义匹配制约 > 定指度制约 > 生命度制约 > 标记制约 > 近距制约，箭头">"左边的制约条件比右边的重要。其中，"次语类制约/语义匹配制约"主要是从动结式的论元性质、动结式的题元性质、动结式对题元角色的选择限制和事件结构角度考虑的。"定指度"指的是动结式的受事宾语定指程度的高低，定指程度越高越容易成为补语的语义指向，如"他骑累了马"有两种释义，一种是"他骑马，马累了"，另一种是"他骑马，他累了"；而"他骑累了五匹马"则只有一种释义，即"他骑马，马累了"。原因是"五匹马"的定指程度比"马"高。但是，这也不是绝对的，如"＊老师教烦了那节课"是不合法的，而"老师教烦了课"却是可以接受的[①]。"生命度制约"指的是补语语义指向的名词性成分的生命度必须与补语谓词论元所要求的生命度相匹配，即如果补语谓词论元所要求的生命度高，那么施事和受事中生命度高者就是补语的语义指向，反之亦然。如"张三追累了那辆车"中补语谓词"累"要求论元具有高生命度，施事"张三"比受事"那辆车"更符合条件，因此，补语的语义指向施事"张三"[②]。"标记制约"谈到的是受事主语句、"把"字句、"被"字句和重动句等有标记的句式对补语语义指向的影响。"近距制约"指的是名词性成分离补语谓词距离较近者优先成为补语的语义成分。但是，由于近距制约条件排在几个制约条件序列的最后一个，当近距制约条件与其他制约条件产生冲突时，要优先满足其他制约条件，如"他听懂了老师的意思"，按照近距制约条件，"老师的意思"离补语"懂"更近，应该是补语的语

---

① 这种现象可以用事件结构理论加以解释，见附录—1.2.1。

② 其实，我们认为要表达"张三追车，张三累"的意思，最常用的结构是重动句，即"张三追那辆车追累了"。

义指向，但是根据生命度制约，补语"懂"需要一个生命度高的论元，施事"他"的生命度当然比受事"老师的意思"生命度高，因此，补语的语义最终指向施事"他"。

三　动结式的配价和论元结构研究

（一）　动结式的配价研究

一般认为，和配价相关的理论是由法国语言学家特斯尼耶尔（Lucien Tesnière）在20世纪50年代提出来的。"价"（valency，也称"配价""向"）是从化学概念借用来的。特斯尼耶尔认为动词是句子的核心，它支配着其他成分。动词支配的名词性成分叫"行动元"（actant），动词支配的副词性成分叫"状态元"（circonstants），从理论上说，状态元是无限的，行动元最多只有三个：主语、宾语$_1$、宾语$_2$。行动元的数目决定价数，也就是说，动词如果不支配行动元，则该动词为零价；动词如果支配一个行动元，则该动词为一价，依次类推（沈阳、郑定欧，1995）。

关于配价的性质，我们同意廖秋忠（1984）、范晓（1991）、张国宪（1993）等几位先生的看法，认为配价是一个语义概念。但要注意的是，并不是句子中所有的语义成分都与动词的配价有关，如"我去年在北京吃了一顿烤鸭"中"去年"和"在北京"一个表示时间、一个表示地点，都不是动词"吃"的必有论元，因此都不是动词的配价成分，而决定动词配价的基础是动词本身的词汇意义。不仅不同动词有不同的价数，同一动词的不同义项也可能有不同的价数，如"笑$_1$"的词汇意义是"露出愉快的表情，发出欢喜的声音"，例如"他笑了"，这里的"笑$_1$"为一价动词；"笑$_2$"的词汇意义是"讥笑，用言辞笑话对方"，例如"他笑我"，这里的"笑$_2$"为二价动词（周国光，1995）。

王红旗（1995）、郭锐（1995）、袁毓林（2001）等学者做过有关动结式配价的研究。王红旗（1995）根据术语动词（V）和补语（C）的支配成分的数量及重合情况将动结式分为八大类（见表2—9）。

表 2—9　　　　　　　　　　　**动结式的类别**

动结式的类别		例子及分析
V 有一个或两个支配成分，C 有一个支配成分，C 的支配成分与 V 的一个支配成分①重合		那帮人看傻了：那帮人看（新娘）＋那帮人傻了
V 有两个支配成分，C 有一个支配成分，C 的支配成分与 V 的一个支配成分重合		他们把苹果吃没了：他们吃苹果＋苹果没了
V 有一个或两个支配成分，C 有两个支配成分，这两方面的支配成分都重合		这封信我看懂了：我看了这封信＋我懂了这封信
V 和 C 都有两个支配成分，V 和 C 各一个支配成分重合		我倒赔了百十块：我倒（苹果）＋我赔了百十块
V 有三个支配成分，C 有两个支配成分，C 的两个支配成分与 V 的其中两个支配成分重合		我教会了他开车：我教他开车＋他会开车
V 有一个或两个支配成分，C 有一个支配成分，C 的支配成分与 V 的不重合		我擦脏了两块抹布：我擦（窗子）＋两块抹布脏了
补语意义很虚，只表示动作的实现或完成，没有支配成分，因此，V 有几个支配成分，动结式就有几个组配语		"好、见、着（zhao）、住、动、到"做补语
补语语义指向 V 本身	V 有几个支配成分，动结式就有几个组配语	"早、晚、迟、久、清、周到、彻底、细致""准、完、清楚、透""惯"做补语
	无论 V 有几个支配成分，动结式的组配语只有一个	"快、慢、仔细"做补语

资料来源：王红旗，1995。

　　王红旗文中提到的动词的"支配成分"实际上就是"配价"，因此，V或 C 支配成分的数量就是其价数。王文中虽然没提到 V 和 C 论元整合后动结式的价数，但他注意到了从底层动词和补语提升到动结式后论元的重合现象，虽然王文没有进而提出论元实现规则，但这个分析思路是值得肯定的。其研究中存在的问题是，对动结式的分析不够全面，一些条目的表述存在模糊之处，例如："一个或两个支配成分""与 V 的一个支配成分重合"。

　　袁毓林（2001）明确提出了配价的概念，并从构成动结式的两个成分（述语和补语）的配价以及论元整合后的动结式的价数角度，对动结式进行了比较全面的分类归纳。袁文将动结式分为五大类、十小类。如表

---

① 　根据我们的理解，这里主要指 V 的施事。

2—10 所示。

表 2—10　　　　　　　　　　**动结式的整合类型**

整合类型	动结式的配价	例子①
$V^1 + V^1 \longrightarrow VR$	$V^1 + V^1 \longrightarrow VR^1$	站累：奶奶站累了
	$V^1 + V^1 \longrightarrow VR^2$	哭红：小芳哭红了眼睛
$V^2 + V^1 \longrightarrow VR$	$V^2 + V^1 \longrightarrow VR^1$	学坏：小刚学坏了
	$V^2 + V^1 \longrightarrow VR^2$	送走：他送走了两个朋友
	$V^2 + V^1 \longrightarrow VR^3$	砍钝：这些排骨爷爷砍钝了两把刀
$V^2 + V^2 \longrightarrow VR^2$	$V^2 + V^2 \longrightarrow VR^2$	看懂：小王看懂了图纸
$V^3 + V^1 \longrightarrow VR$	$V^3 + V^1 \longrightarrow VR^1$	教晚：昨天夜里我教晚了
	$V^3 + V^1 \longrightarrow VR^2$	教笨：你怎么把孩子教笨了
	$V^3 + V^1 \longrightarrow VR^3$	教完：我教完了小峰数学，又教小泉语文
$V^3 + V^2 \longrightarrow VR^3$	$V^3 + V^2 \longrightarrow VR^3$	教会：我教会孩子数数

资料来源：袁毓林，2001。

　　袁毓林文对动结式的分类基本上涵盖了王红旗文的研究，是目前我们所看到的最全面的对于汉语动结式的配价研究。但是，单纯考虑动结式及构成成分的价数，还不能看出动结式的内部构造，要想进行更深入的研究，需要进一步讨论动结式的论元结构。

（二）动结式的论元结构研究

　　在综述动结式的论元结构研究之前，我们先对题元角色、论元等相关概念进行介绍。题元角色，也译作论旨角色、论元角色、语义角色、语义作用等，指的是"由谓词根据与其相关的名词短语之间语义关系而指派（assign）给这些名词短语的语义角色"（顾阳，1994）。目前比较公认的题元角色有施事（agent，也称施事者、施动者）、当事（experiencer，也称感受者、经事、经验者）、致事（causer，也称使事、致使者、使役者）、与事（dative）、客体（theme）、受事（patient）、受惠者（benefac-

―――――――――――――

① 均是来自于袁毓林（2001）的原句。

tive)、处所（location）、工具（instrument），等等。题元角色这一概念的产生及运用反映出语言学家试图透过表层的语法关系，如主语、宾语同述语①的结构关系，来更深入地了解其内部的语义关系及其对句法结构的影响（袁毓林，2002）。但是，确定题元角色时有一定的主观性，参考标准不甚统一，术语表达方式多样，这在一定程度上制约了以题元角色为基础的生成语义学的发展。

"论元指带有论旨角色的名词短语，论元在句中所占的位置称作论元位置"（顾阳，1994），这里的论旨角色也就是上文提到的题元角色。在具体的语言表达中，述语的题元角色被指派给名词性成分后，这些名词性成分便成了述语的论元。也就是说，论元可以看作题元角色的句法实现（realization）（施春宏，2008：7）。论元可以分为域外论元和域内论元，域外论元一般为施事，因为施事在题元层级（thematic hierarchy）中位置最高、最显著；域内论元一般为受事或其他的语义角色。如果不考虑论元的语义性质（即题元角色），只根据论元位置进行分类，论元又可以分为主体论元和客体论元。位于述语之前的论元为主体论元，位于述语之后的论元为客体论元。如果述语带有双宾语，那么该述语则有两个客体论元（施春宏，2008：90）。从配价的角度来看，一般来说，一价动词有一个论元，二价动词有两个论元，三价动词有三个论元。有些研究为了确定不同动词或短语的论元结构，先用配价理论将这些动词分类，如施春宏（2008）。

关于论元结构（argument structure）的概念，学术界还存在分歧。袁毓林（2002）认为，一个词项的论元结构就是该词项所能拥有的一组已经标有题元角色名称的论元。以往研究中不少人持类似看法，认为论元结构中所含的内容就是一系列的题元角色。以下是顾阳（1994）文中列举的几个传统的论元结构表达式：a. fear［Experiencer，Theme］，b. see（A，Th），c. put：X＜Y，P－loc Z＞。b 中的 A 代表施事者，Th 代表客体，括号内画线部分表示域外论元。c 中的 X 代表域外论元，Y 代表直接域内论元，Z 代表间接域内论元，P 表示介词，loc 表示处所。

---

① 这里的述语主要指动词，还包括像动结式之类的动词短语。

张（2003）根据汉语动结式短语中两个谓词成分的及物性及其句法特征把动结式分为五类，如表 2—11 所示。

表 2—11　　　　　　　　动结式的论元结构、表层结构及变式

种类	动词的论元结构	表层结构	"把"字句	"被"字句	动词重复
I	V1（Vi）+V2（Vi） Subj. of V1 = Subj. of V2	ku – lei "cry – tired" NP1 + V1V2	No	No	No
II	V1（Vi）+V2（Vi） Subj. of V1 ≠ Subj. of V2	ku – fan "cry – annoyed" NP1 + V1V2 + NP2	Yes	Yes	No
III	V1（Vt）+V2（Vi） Obj. of V1 = Subj. of V2	tui – dao "push – fall" NP1 + V1V2 + NP2	Yes	Yes	No
IV	V1（Vt）+V2（Vi） Subj. of V1 = Subj. of V2	chi – bao "eat – full" NP1 + V1V2 + NP2（rare） NP1 + V1 + NP2 + V1V2	No	No	Yes
V	V1（Vt）+V2（Vi） No identical Argument	xi – shi "wash – wet" NP1 + V1 + NP2 + V1V2 + NP3	Yes	Yes	Yes

资料来源：张，2003。

表 2—11 是从"动词的论元结构"角度对动结式进行分类的，但是在选择动词时却采用了及物或者不及物的标准。虽然 V1 包括了不及物动词和及物动词两类，但是及物动词中只选择了二价动词，没有考虑三价动词的情况；V2 只选了不及物动词①，但是真实语料中也不排除 V2 是二价动词的情况。所以，我们建议先从动词配价的角度，找全 V1 为一价、二价和三价的情况，并与 V2 的一价和二价动词一一配对，穷尽动结式短语的各种可能性，然后再对每个动结式的论元结构进行分析、归类。谈到论元结构，除了价数以外，表 2—11 还描写了述语的主、宾语与补语的主、宾语的重合情况，虽然也能解释一定的问题，但是表述方式的明确性、清

---

① 在这里都是形容词，为了统一起见，我们把形容词归为一价动词。

晰度不够。另外，我们注意到，IV 的表层结构有两种表达方式，即
"NP1 + V1V2 + NP2（rare）"和"NP1 + V1 + NP2 + V1V2"，前者之所以
"少见（rare）"，根据我们分析，是有"吃饱"这类特例。如只有"我们
吃饱了饭"是符合语法的，而"∗我们吃饱了菜""∗我们吃饱了馒头"
等都不符合语法，其重动句形式的使用就自由得多，如"我们吃菜吃饱
了""我们吃馒头吃饱了"。基于这种现象，我们建议使用重动句形式来
表达这类动结式的表层结构。

施春宏（2008）延续了袁毓林（2001）的研究成果，不仅从配价的
角度穷尽了动结式的所有类别，而且还从论元关系（即论元结构）的角
度详细考察了动结式的特点。在描写动结式的论元结构时，施文使用
"主体论元"和"客体论元"的概念，考察了述语和补语的主体论元和客
体论元之间的重合情况。如"他教会了小明象棋"可以分析为"他教小
明象棋 + 小明会象棋"，在这里述语"教"的主体论元为"他"，客体论
元有两个"小明"和"象棋"，补语"会"的主体论元为"小明"，客体
论元为"象棋"。观察得知，述语跟补语的主体论元不重合（即"异
指"），而客体论元有重合的部分（即"同指"）。这种表述方法比单纯用
主语、宾语的方法更清楚、更科学。根据以上分析，施春宏（2008：
107）对汉语动结式的归纳如表 2—12 所示①。

表 2—12　　　　动结式的整合类型、论元结构及基础句的句法配置

指称关系	整合类型	动结式类型	其他论元关系②	基础句的句法配置
主体同指	$V^1 + R^1$	"站累"类	V 和 R 无客体论元	S + VR
	$V^2 + R^1$	"洗累"类	客主异指	S +（V + NP）+ VR
	$V^2 + R^2$	"听懂"类	客体同指	S + VR + O
	$V^2 + R^2$	"倒赔"类	客体异指	S +（V + NP）+ VR + O
	$V^3 + R^1$	"送晕"类	客体异指	S +（V + NP$_1$ + NP$_2$）+ VR + O
	$V^1 + R^2$	"跑丢"类	V 无客体论元	S + VR + O

---

① 这里只摘出致役类动结式中表内致使关系的相关内容。

② 这里的"论元关系"实际上就是"论元结构"。

续表

指称关系	整合类型	动结式类型	其他论元关系	基础句的句法配置
主体异指	$V^1 + R^1$	"哭湿"类 （含"哭瞎"类①）	V 和 R 无客体论元	$S + VR + O$
	$V^2 + R^1$	"点亮"类 （含"骂昏"类②）	客主同指	$S + VR + O$
	$V^2 + R^1$	"砍钝"类 （含"唱哑"类③）	客主异指	$S + （V + NP） + VR + O$
	$V^3 + R^1$	"教笨"类	客主同指	$S + （V + O_2） + VR + O_1$
	$V^3 + R^2$	"教会"类	客主同指	$S + VR + O_1 + O_2$

资料来源：施春宏，2008：107。

　　表 2—12 中"基础句的句法配置"表达式除了 V、VR 以外，主语、动词宾语和动结式宾语分别用 S、NP、O 表示，但是我们认为这三组字母不是一个层面的概念，S、O 属于句法概念，而 NP 代表的是名词词组，为了统一起见，我们用 O_V 表示动词宾语，用 O_{VR} 表示动结式宾语，如果动词宾语或动结式宾语有两个，那么用 O_V^1、O_V^2 或者 O_{VR}^1、O_{VR}^2 表示。表达式中还有重动句的形式，如"$S + （V + NP） + VR$"，括号表示在句法上可以省略，但是我们认为，括号里面的成分，尤其是 NP，保证了说话人所传达信息的完整性，在语义上是不可或缺的，因此我们建议把括号去掉。"教笨"类动结式的表达式中，动词的宾语用 O_2 表示，而其他的动结式都用 NP 表示，经过仔细查找核对，我们发现施春宏（2008：122）用的是另一个版本，即"$S + V + NP + VR + O$"，因此，我们建议把"教笨"类动结式的表达式改为"$S + V + O_V + VR + O_{VR}$"；"送晕"类动结式的"基础句的句法配置"为"$S + （V + NP_1 + NP_2） + VR + O$"，施春宏（2008）中没有提供例句，我们也找不到符合语法的句子，如"＊小王送

---

　　① 与"哭湿"类的不同在于，"哭瞎"类两个动词的主体论元之间存在领属关系。如"大娘哭瞎了双眼"可以变换成"大娘的双眼哭瞎了"。

　　② 与"点亮"类的不同在于，"骂昏"类 V 的客体论元与 R 的主体论元虽然异指，但有领属关系。如"团长骂昏了我的脑袋：团长骂我 +（我的）脑袋昏了"。

　　③ 与"砍钝"类的不同在于，"唱哑"类术语动词的客体论元不能直接话题化。

客户牛奶送烦了客户""＊小王送客户牛奶送晕了牛奶""＊小王送客户牛奶送晕了自己"都是不合语法的，而在施春宏（2005）中"$V^3 + R^1$"类的例句为"我（送顾客肥皂粉）送晕了"，因此，我们建议把该表达式改为"$S + V + O_v^1 + O_v^2 + VR$"，相应地，论元关系应该改成"主体同指、客主异指"。

四　动结式与重动句

我们这里讨论的重动句也叫动词拷贝句，不仅指谓语动词重复两次的句子，还须符合以下要求，即：动宾结构与动结式一前一后相继出现，即动词分别带有宾语和补语，宾语在前，补语在后（裴晓燕，2007）。对于动结式重动句而言，指的就是先将动结式中的述语拷贝，拷贝后的述语带宾语在前，动结式（可带或不带宾语）在后，即：$S + V + O_v + VR$（$+ O_{VR}$），其中 S 表示动结式 VR 的主语，O_{VR}表示动结式 VR 的宾语，O_v表示述语 V 的宾语。

王红旗（2001）和裴晓燕（2007）都认为重动句可分为两大类：一是主语为施事，二是主语为非施事。主语为施事的重动句又有两种情况：（1）句末无宾语，如"她看书看烦了"，"她想孩子想疯了"；（2）句末有宾语，如"她切菜切破手指头了"，"爸爸剁牛肉剁钝了两把刀"。如果把这类重动句用我们的表达式表示，则为：$S + V + O_v + VR$（$+ O_{VR}$）。补语的语义指向是句子的主语 S 或者动结式的宾语 O_{VR}，而不是述语的宾语 O_v，如"＊他听你的话听懂了"不常见。王红旗（2001）认为若是补语表示评价时，补语的语义指向述语，则重动句成立，如"他买菜买贵了"。我们认为，这类动结式属于施春宏（2008）所指的评述类动结式，不是本书的研究对象。在主语为非施事的重动句中，动作的工具、处所、伴随物、旁及对象做主语，动作的对象做述语的宾语，施事不出现。（王红旗，2001）如："那把刀切肉切钝了"，补语"钝"的语义指向是句子的主语、表工具的"那把刀"；"衣服吃西瓜吃脏了"，补语"脏"的语义指向是句子的主语、表动作旁及对象的"衣服"。我们认为，这类非施事主语句是由施事主语句变化而来的，只要加上施事，调整语序，就能还原成句末有宾语的施事主语句。如"那把刀切肉切钝了"还原为"我切肉切钝了那把刀",又如"衣服吃西瓜吃脏了"还原为"他吃西瓜吃脏了衣服",因此,本书只研究主语为施事的重动句。

第三节　关于汉语动结式的习得研究

国内关于汉语动结式习得研究的文章有:白燕的《基于对比分析的朝鲜族学生动结式习得研究》,唐鹏举的《韩国留学生汉语动结式习得过程及其言语加工策略》,李连芳的《印尼学生汉语动结式理解与输出情况研究》,汪小雪的《越南留学生使用汉语动结式的偏误分析》,陆燕萍的《英语母语者汉语动结式习得偏误分析》等。我们发现,已有的研究中专门针对英语母语者习得汉语动结式的文章很少,且研究方法以对比分析和偏误分析为主。近两年用实证研究的方法研究汉语动结式的文章开始出现,如朱旻文(2013)和谢敏灵(2013),国外的研究以袁博平(2011)为代表。

陆燕萍(2012)对英语母语者习得汉语动结式的偏误类型及其产生原因进行了习得分析。陆文采用测试的方法,设计了多项选择、填词和翻译三种题型,共 30 道题。被试为 42 名英语母语者,均已学过汉语动结式。得出的偏误类型有"遗漏、回避、错序和误代"四种。"遗漏"分遗漏补语成分和遗漏动词两种,如"＊他完所有工作然后回家了";"回避"是最主要的偏误类型,占所有偏误的 52.1%;"错序"指的是动词与否定词位置颠倒,如"＊这本书太复杂了,很多人都看没明白";"误代"的类型主要是补语误代,如"＊她洗衣服把手洗好/干净了"。通过分析,陆文把偏误出现的原因归纳为以下几种:(1)负迁移,如英语中没有"动词＋动词"的动结式,英语母语者习得起来会有一定的困难,另外,"错序"偏误也与母语负迁移有关;(2)回避,无论从结构还是语义上来说,汉语动结式都比英语复杂,导致英语母语者对汉语动结式掌握不够或缺乏信心;(3)过度概括,属于语内干扰,如学习者用"了"代替所有补语,或者用"好、干净"等代替其他的补语形容词;(4)简化规则,即语言规则的不完整使用，当学习者没有正确掌握某个语法结构或规则时，就会出现"误代"等偏误。

朱旻文（2013）以泰尔米的因果事件框架为理论依据，分四个实验探讨了以英语和西语为母语的汉语学习者对汉语动结式的习得情况。得出的结论为：因果事件框架、学习者的汉语水平和学习者的母语类型都是影响学习者对汉语动结式习得和加工的重要因素。其中对于高级汉语水平的英语母语者来说，英语动词的因果事件框架中包含不包含方式和结果对学习者理解汉语动结式没有显著影响，且高级汉语水平的英语母语者在加工汉语动结式句法时是把动词和补语分为两个加工单位的。

谢敏灵（2013）使用句子的可接受性判断测试任务探讨了英语母语者对动结式和带"得"的动补结构的习得情况。得出的结论为：高级汉语水平的英语母语者可以完全习得"及物动词＋非宾格动词"类动结式；跟汉语母语者一样，英语母语者对违反或不违反生命度层级的两类句子都能作出截然不同的判断；即使到了高级水平，英语母语者还是无法完全习得汉语中带"得"的动补结构。

国外关于英语母语者习得汉语动结式的研究主要来自袁博平等，如袁博平、赵杨（2011）、袁博平（2011）等，这两篇文章是在生成语法框架下研究英语母语者习得汉语动结式的代表。通过调查，袁发现学习者习得汉语动结式的正确语序并不难，但是对题元结构习得起来就有相当大的难度，英语学习者只能接受符合英语相关限制的题元结构，对其他的汉语动结式却很难掌握，即使到了高级阶段也是如此。然后研究者对比分析了英语和汉语动结式的题元结构，即宾语跟活动谓语和结果补语的语义关系，指出英语的补语表达式成立，存在两个限制条件：（1）宾语是活动谓语的受事或述题；（2）宾语是结果补语的受事或述题。述题/客体（theme）指的是改变位置或状态，或者处于某个位置或状态的参与者。如：Tom pounded the metal flat, the metal 既是活动谓语 pounded 的受事，也是结果补语 flat 的述题，而汉语动结式的题元结构比英语复杂得多。袁文把汉语动结式分为五类：A 类：张三压断了李四的尺子；B 类：张三打哭了李四；C 类：张三哭湿了手绢；D 类：张三哭烦了李四；E 类：张三听烦了那首歌。这五类题元结构中只有 A 类完全符合英文的限制条件，即"李四的尺子"既是活动谓语"压"的受事，又是结果补语"断"的述题，因此最容易习得；B 类符合限制条件 1，即"李四"是"打"的受事，但是不符合限制条件 2，即"李四"是"哭"的施事，并不是受事或述题；C 类不符合限制条件 1，即"张三"是"哭"的施事，并不是受事，但符合条件 2，即"手绢"是"湿"的述题；D 类条件 1 和 2 都不符合，即"李四"是"哭"的施事、"烦"的感事，而不是受事或述题；E 类符合条件 1，即"那首歌"是"听"的受事，但不符合条件 2，即"那首歌"和"烦"无关，并不是"烦"的受事或述题。从标记论的角度来看，汉语在结果表达式上属于有标记的，英文属于没有标记的，根据研究，如果 L1 为无标记，L2 为有标记，则会发生（负）迁移，因此英语母语学习者学习汉语的结果表达式会有一定的困难。从题元角度看，由于汉语题元关系的复杂性，除了句型 A 以外，英语母语者无法完成题元重构，因此具有很大的习得障碍。袁文从题元结构角度对比分析汉英动结式取得了一定的成果，但是也还有可继续探讨的问题，汉语动结式中宾语跟谓语动词和结果补语的语义关系非常复杂，其研究还没有涵盖所有的汉语动结式类型，如果每种语义关系都分析，难免把问题复杂化，增加研究难度。另外，生成语法框架下的二语习得采用的研究方法多为"语法可接受度检验"任务，这种任务的不足之处是实验材料不是被试自然产出的，且该任务需在迫选条件下完成，因此所解释的汉语动结式的理解和产出特点也有待继续探讨。

第四节　小结

一　以往研究的可借鉴之处

任何研究成果都不是无源之水、无本之木，事件结构理论和汉语动结式研究的相关成果给本书提供了丰富的借鉴，总结如下：

第一，莱文、拉帕波特的事件结构理论是本书的理论基础，我们对动结式的本体研究将在这个理论框架下展开；

第二，以往对汉语动结式的研究是我们本体研究的基础，无论是对动结式穷尽性的分类，还是对动结式论元结构的分析都离不开前人的研究成果，特别是施春宏（2008）的研究。

二 以往研究的不足之处

通过对以往相关研究的详细介绍和分析，我们对不足之处总结如下：

第一，目前莱文、拉帕波特用事件结构理论来分析英语的结果动词取得了一定的进展和成果，而汉语动结式的结构和语义远比英语的结果动词复杂，因此，我们需要对该理论进行修订和完善；

第二，汉语动结式的本体研究经历了从结构主义到语义分析的历程，但是无论是讨论动结式的结构核心，还是讨论补语的语义指向，都还未深入事件结构这一语义层面，因此无法对汉语动结式从语义结构到句法结构层面进行关联解释；

第三，由于本体研究成果有限，在二语习得领域，现有的研究多为针对一种或几种动结式的偏误分析，结果缺乏较强的说服力。在用事件结构理论分析汉语动结式的基础上进行二语习得实证研究的文章不多。

三 本书主要概念界定

（一）论元结构

我们关注的论元结构并不是论元的题元角色，而是论元所占的句法位置及各个论元之间的关系（同指、异指），"主体论元"和"客体论元"这两个概念正是从论元位置的角度来描写论元结构的，我们分别用 M（Main argument）和 G（guest argument）来表示。对于动结式来说，为了描述各个论元之间的关系，必须先将动结式按照语义进行分解，举例说明如下：

（9）张三打碎了花瓶。

该例句可以分解成"张三打花瓶"和"花瓶碎了"两个小句，第一个小句的主体论元和客体论元分别用 M_1 和 G_1 表示,第二个小句用 M_2 和 G_2 表示,动词和补语分别用 V 和 R 表示,即 "$M_1 + V + G_1$" 和 "$M_2 + R$"。讨论动结式的论元结构最重要的是论元之间的关系,G_1 和 M_2 同指("花瓶"),因此,该句的论元结构可以表述为:$M_1 + V + G_1$、$M_2 + R$($G_1 = M_2$)。这里要说明的是,论元结构不等同于句法结构,论元结构是句法结构的深层概念,换句话说,句法结构是论元结构在句法层面的映射。例(9)的句法结构我们用 $S + VR + O_{VR}$ 来表示,当然,在动结式层面,S 是 VR 的主体论元,O 是 VR 的客体论元,但是为了同论元结构区分,我们不采用 M 和 G 的表示方法,而是统一用 S 表示动结式主语,O_{VR} 表示动结式宾语。

(二) 事件结构

事件指的是在特定的空间与时间,被观察者感知的动作、活动或变化,它包括活动、达成和实现三种类型,事件结构就是用来描写活动、达成和实现类动词的语义结构的。具体来说,动词的事件结构包括以下内容:(1)基元谓词所表达的结构特征;(2)语义常量所表达的动词的区别特征;(3)参与者角色的类型及其之间的关系(同指、异指)。从操作定义上来说,事件结构可以用事件结构表达式来描写,事件结构表达式不止一种,我们采用的是莱文、拉帕波特的描写方法。以实现动词 break 的事件结构表达式为例:

$$[[x\ ACT]\ CAUSE\ [BECOME\ [y < BROKEN >]]]$$

其中,ACT、CAUSE、BECOME 为基元谓词,所表达的结构特征为致使关系;BROKEN 为语义常量,所表达的动词的区别特征为 "坏"(BROKEN),参与者角色 x 为动作的发出者,y 为位置或状态发生改变的角色,x 与 y 之间是异指关系。

在这里需要说明的是,参与者角色的凸显与隐退规则,从事件结构到句法结构的映射过程,以及参与者角色最终映射为哪个句法成分都不在事件结构的概念范畴之内。

（三）参与者角色

参与者角色通常用在事件结构理论中，指的是述语所表达的事件的参与者，即述语所关涉的语义角色。例如，动词 break 的事件结构表达式 $[[x\ ACT]\ CAUSE\ [BECOME\ [y < BROKEN >]]]$ 中，x、y 即为参与者角色，由于没有具体的语境，这里的参与者角色用的是变量的形式。再看例（10）：

（10）Phil broke the vase.

这个时候，Phil 和 the vase 即为参与者角色，动词 break 在该特定语境中的事件结构表达为：$[[\underline{Phil}\ ACT]\ CAUSE\ [BECOME\ [\underline{the\ vase} <$ BROKEN >]]]$。由于在特定的语境中比较容易分析参与者角色之间的同指、异指关系，因此我们对汉语动结式的分析都是在相应的句子中进行的。

（四）动结式

我们研究的动结式是由单音节述语和单音节补语两部分构成的双音节短语型动结式。这类动结式一般都可以拆分成两个表示致使关系的小句，例如"张三哭湿了手绢"可以拆分成"张三哭"和"手绢湿"，且"张三哭"是导致"手绢湿"的原因。在这个动结式句子里，"张三"是述语的施事也是动结式的致事；还有一种动结式，其致事并不是述语的施事，而需要由重复动词引出，如"张三洗衣服洗累了"。这两类动结式即施春宏（2008）提出的具有内在致使关系的短语型动结式，都是我们的研究对象。但若动结式的致事来自于外部，即施春宏（2008）中的具有外在致使关系的短语型动结式，如"一场大旱干死了刚透青的麦苗"，不在本书的研究范围之内。另外，我们把动结式分布的句法结构锁定为施事主语句，该结构可以是基础句式 SVO 句，也可以是重动句。由于"把"字句和"被"字句是基础句 SVO 句的变式，其结构和语义都非常复杂多样，我们把这两个句式作为下一步的研究目标，暂不作为本书的研究对象。

在以上分析的基础上，我们以"整合类型"（即动词价数）为分类标准，把表 2—12 中的"指称关系"和"其他论元关系"合并成"论元结构"，把"基础句的句法配置"的表述简化为"句法结构"①，同时根据需要更换了一些例子，调整后的结果见表 2—13。这将是本书进行动结式事件结构分析以及习得研究的重要基础。

表 2—13　　　　汉语动结式的整合类型、论元结构及句法结构

整合类型	论元结构	句法结构
$V^1 + R^1$	主体同指 V 和 R 无客体论元	$S + VR$ "哭累"类
	主体异指 V 和 R 无客体论元	$S + VR + O_{VR}$ "哭湿"类
$V^1 + R^2$	主体同指 V 无客体论元	$S + VR + O_{VR}$ "玩忘"类
$V^2 + R^1$	主体同指 客主异指	$S + V + O_V + VR$ "洗累"类
	主体异指 客主同指	$S + VR + O_{VR}$ "推倒"类
	主体异指 客主异指	$S + V + O_V + VR + O_{VR}$ "砍钝"类
$V^2 + R^2$	主体同指 客主同指	$S + VR + O_{VR}$ "听懂"类
	主体同指 客主异指	$S + V + O_V + VR + O_{VR}$ "倒②赔"类
$V^3 + R^1$	主体同指 客主异指	$S + V + O_V^1 + O_V^2 + VR$ "送晕"类
	主体异指 客主同指	$S + V + O_V + VR + O_{VR}$ "问烦③"类
$V^3 + R^2$	主体异指 客主同指	$S + VR + O_{VR}^1 + O_{VR}^2$ "教会"类

---

① 这里指的是"句法结构"，即不考虑"把"字句和"被"字句等特殊句式，下文同。
② 这里的"倒"读三声"dǎo"，"倒买倒卖"的意思。
③ 这里的"烦"是一价，"厌烦"的意思。

第三章

基于事件结构的汉语动结式分析

我们的研究对象是汉语的 11 类动结式，这 11 类动结式是在施春宏（2008）的基础上总结出来的（见表 2—13），根据研究需要，我们把"玩忘"类改为"忙忘"类、把"倒赔"类改为"卖赔"类、把"送晕"类改为"教累"类，分类标准描述如下：

"哭累"类：述语一价、补语一价，述语的主体论元与补语的主体论元同指，述语和补语无客体论元；

"哭湿"类：述语一价、补语一价，述语的主体论元与补语的主体论元异指，述语和补语无客体论元；

"忙忘"类：述语一价、补语二价，述语的主体论元与补语的主体论元同指，述语无客体论元，补语有客体论元，补语的客体论元与述语的主体论元异指；

"洗累"类：述语二价、补语一价，述语的主体论元与补语的主体论元同指，述语的客体论元与补语的主体论元异指，补语无客体论元；

"推倒"类：述语二价、补语一价，述语的主体论元与补语的主体论元异指，述语的客体论元与补语的主体论元同指，补语无客体论元；

"砍钝"类：述语二价、补语一价，述语的主体论元与补语的主体论元异指，述语的客体论元与补语的主体论元异指，补语无客体论元；

"听懂"类：述语二价、补语二价，述语的主体论元与补语的主体论元同指，述语的客体论元与补语的客体论元同指；

"卖赔"类：述语二价、补语二价，述语的主体论元与补语的主体论元同指，述语的客体论元与补语的客体论元异指；

"教累"类：述语三价、补语一价，述语的主体论元与补语的主体论元同指，述语的两个客体论元与补语的主体论元异指，补语无客体论元；

"问烦"类：述语三价、补语一价，述语的主体论元与补语的主体论元异指，述语的其中一个客体论元与补语的主体论元同指，补语无客体论元；

"教会"类：述语三价、补语二价，述语的主体论语与补语的主体论元异指，述语的其中一个客体论元与补语的主体论元同指，另一个客体论元与补语的客体论元同指。

事件结构是连接动词的词汇语义与句法的桥梁，因此分析动词的词汇意义离不开它所在的句子。为了便于说明，我们对动结式的分析也都是基于句子的。我们在语法专著或语料库中找到含有这 11 类动结式的 11 个典型例句，然后，根据我们的研究需要，对相应例句做了一些修改，如：统一更换了主语，把非施事主语句改成了施事主语句等，句子示例如表 3—1 所示。

表 3—1　　　　　　　　11 类汉语动结式的句子举例

原句	改写的句子
他哭累了。（北京大学现代汉语语料库）	张三哭累了
张三哭湿了手绢。（北京大学现代汉语语料库）	张三哭湿了手绢
张三忙忘了做饭。	张三忙忘了做饭
妈妈洗衣服洗累了。（施春宏，2008：96）	张三洗衣服洗累了
有人推倒椅子，有人站在椅子上。（北京大学现代汉语语料库）	张三推倒了①椅子
这些排骨爷爷砍钝了两把刀。（袁毓林，2001）	张三砍这些排骨砍钝了两把刀
我相信，你听懂了我的话。（北京大学现代汉语语料库）	张三听懂了我的话
小王卖电脑卖赔了一万块钱。	张三卖电脑卖赔了一万块钱
张三教李四钢琴教累了。	张三教李四钢琴教累了
孩子问问题问烦了爸爸。（施春宏，2008：101）	张三问问题问烦了李四②
拉尔夫神父教会了梅吉骑马。（北京大学现代汉语语料库）	张三教会了李四骑马

---

①　考虑到句子的合语法性，我们在动结式后面加上了"了"。

②　这句话的意思是"李四烦"，下文同。

我们把改写过的含有 11 类动结式的句子作为分析对象，排列如下。为便于后文的指称，我们在例句后列出该类型动结式的简称：

（1）张三哭累了。　　　　　　　　　　（"哭累"类）

（2）张三哭湿了手绢。　　　　　　　　（"哭湿"类）

（3）张三忙忘了做饭。　　　　　　　　（"忙忘"类）

（4）张三洗衣服洗累了。　　　　　　　（"洗累"类）

（5）张三推倒了椅子。　　　　　　　　（"推倒"类）

（6）张三砍这些排骨砍钝了两把刀。　　（"砍钝"类）

（7）张三听懂了我的话。　　　　　　　（"听懂"类）

（8）张三卖电脑卖赔了一万块钱。　　　（"卖赔"类）

（9）张三教李四钢琴教累了。　　　　　（"教累"类）

（10）张三问问题问烦了李四。　　　　（"问烦"类）

（11）张三教会了李四骑马。　　　　　（"教会"类）

第一节　句法结构和论元结构层面的汉语动结式分析

我们将从动结式的句法结构和论元结构特点入手，总结句法结构的类型，描写动结式的论元结构，并尝试从论元结构到句法结构的映射角度进行分析，从而对动结式的句法现象进行解释。我们根据表 2—13 整理出了汉语动结式的六种句法结构，如表 3—2 所示。

表 3—2　　　　　　　　　汉语动结式的句法结构

动结式类型	句法结构
"哭累"类	S + VR
"哭湿"类、"推倒"类、"忙忘"类、"听懂"类	S + VR + O$_{VR}$

续表

动结式类型	句法结构
"洗累"类	$S + V + O_V + VR$
"砍钝"类、"问烦"类、"卖赔"类	$S + V + O_V + VR + O_{VR}$
"教累"类	$S + V + O_V^1 + O_V^2 + VR$
"教会"类	$S + VR + O_{VR}^1 + O_{VR}^2$

由表 3—2 可知，汉语动结式的句法类型多样，有的动结式不能带宾语，有的不仅能带宾语还能带双宾，有的必须重复动词构成重动句然后由动词引出宾语，有的动词宾语有一个，有的有两个。正是这样的句法多样性增加了汉语学习者习得这类动结式的难度。

下面我们将对这 11 类动结式的论元结构进行分析。根据上文定义，我们先把每个动结式结构按照意义分解成两个部分，每个部分用主体论元（M）、客体论元（G）和 V、R 的组合方式来呈现，第一个部分中的主体论元、客体论元用 M_1、G_1 表示，第二个部分的用 M_2、G_2 表示，如果有两个客体论元，则两个部分的第二个客体论元分别用 G_1'、G_2' 表示，"＝"表示两个论元同指。分析结果见表 3—3。

表 3—3　　　　　　　　　**汉语动结式的论元结构**

动结式类型	论元结构	例句
"哭累"类	$M_1 + V$，$M_2 + R$（$M_1 = M_2$） 张三哭、张三累	张三哭累了
"哭湿"类	$M_1 + V$，$M_2 + R$ 张三哭、手绢湿	张三哭湿了手绢
"忙忘"类	$M_1 + V$，$M_2 + R + G_2$（$M_1 = M_2$） 张三忙、张三忘做饭	张三忙忘了做饭
"洗累"类	$M_1 + V + G_1$，$M_2 + R$（$M_1 = M_2$） 张三洗衣服、张三累	张三洗衣服洗累了
"推倒"类	$M_1 + V + G_1$，$M_2 + R$（$G_1 = M_2$） 张三推椅子、椅子倒	张三推倒了椅子

续表

动结式类型	论元结构	例句
"砍钝"类	$M_1 + V + G_1$，$M_2 + R$ 张三砍这些排骨、两把刀钝	张三砍这些排骨砍钝了 两把刀
"听懂"类	$M_1 + V + G_1$，$M_2 + R + G_2$（$M_1 = M_2$，$G_1 = G_2$） 张三听我的话、张三懂我的话	张三听懂了我的话
"卖赔"类	$M_1 + V + G_1$，$M_2 + R + G_2$（$M_1 = M_2$） 张三卖电脑、张三赔一万块钱	张三卖电脑卖赔了一万块钱
"教累"类	$M_1 + V + G_1 + G_1{}'$，$M_2 + R$（$M_1 = M_2$） 张三教李四钢琴、张三累	张三教李四钢琴教累了
"问烦"类	$M_1 + V + G_1 + G_1{}'$，$M_2 + R$（$G_1 = M_2$） 张三问李四问题、李四烦	张三问问题问烦了李四
"教会"类	$M_1 + V + G_1 + G_1{}'$，$M_2 + R + G_2$ （$G_1 = M_2$，$G_1{}' = G_2$） 张三教李四骑马、李四会骑马	张三教会了李四骑马

基于对 11 类汉语动结式的句法结构和论元结构分析，下面我们讨论汉语动结式的论元结构向句法结构的映射过程。为便于讨论，我们将 11 类动结式的论元结构与句法结构信息整合在表 3—4 中。

表 3—4　　　　　　汉语动结式的论元结构与句法结构

动结式类型	论元结构	句法结构
"哭累"类	$M_1 + V$，$M_2 + R$（$M_1 = M_2$） 张三哭、张三累	$S + VR$ 张三哭累了
"哭湿"类	$M_1 + V$，$M_2 + R$ 张三哭、手绢湿	$S + VR + O_{VR}$ 张三哭湿了手绢
"忙忘"类	$M_1 + V$，$M_2 + R + G_2$（$M_1 = M_2$） 张三忙、张三忘做饭	$S + VR + O_{VR}$ 张三忙忘了做饭
"洗累"类	$M_1 + V + G_1$，$M_2 + R$（$M_1 = M_2$） 张三洗衣服、张三累	$S + V + O_V + VR$ 张三洗衣服洗累了
"推倒"类	$M_1 + V + G_1$，$M_2 + R$（$G_1 = M_2$） 张三推椅子、椅子倒	$S + VR + O_{VR}$ 张三推倒了椅子
"砍钝"类	$M_1 + V + G_1$，$M_2 + R$ 张三砍这些排骨、两把刀钝	$S + V + O_V + VR + O_{VR}$ 张三砍这些排骨砍钝了两把刀

动结式类型	论元结构	句法结构
"听懂"类	$M_1 + V + G_1$，$M_2 + R + G_2$（$M_1 = M_2$，$G_1 = G_2$） 张三听我的话、张三懂我的话	$S + VR + O_{VR}$ 张三听懂了我的话
"卖赔"类	$M_1 + V + G_1$，$M_2 + R + G_2$（$M_1 = M_2$） 张三卖电脑、张三赔一万块钱	$S + V + O_V + VR + O_{VR}$ 张三卖电脑卖赔了一万块钱
"教累"类	$M_1 + V + G_1 + G_1'$，$M_2 + R$（$M_1 = M_2$） 张三教李四钢琴、张三累	$S + V + O_V{}^1 + O_V{}^2 + VR$ 张三教李四钢琴教累了
"问烦"类	$M_1 + V + G_1 + G_1'$，$M_2 + R$（$G_1 = M_2$） 张三问李四问题、李四烦	$S + V + O_V + VR + O_{VR}$ 张三问问题问烦了李四
"教会"类	$M_1 + V + G_1 + G_1'$，$M_2 + R + G_2$ （$G_1 = M_2$，$G_1' = G_2$） 张三教李四骑马、李四会骑马	$S + VR + O_{VR}{}^1 + O_{VR}{}^2$ 张三教会了李四骑马

下面我们在表3—4的基础上，对论元结构中的成分、成分之间的关系及句法实现方式逐一进行分析。

M_1 为动结式中述语动词动作的发出者，从上面的分析看，它只可能与 M_2 形成同指关系，它在句法实现中的方式为：（1）当 M_1 与其他论元异指时，M_1 凸显，然后映射为句法结构中的主语 S，如"哭湿""推倒""问烦""教会""砍钝"类动结式；（2）当 M_1 与 M_2 同指时，两者合并映射为句法结构中的主语 S，如"哭累""忙忘""听懂""洗累""教累""卖赔"类动结式。也就是说，动作的发出者在动结式句法实现中具有绝对优势，一定保留并实现为动结式主语。

M_2 是动结式中补语动词动作的发出者，它可能与 M_1、G_1 形成同指关系，它在句法实现中的方式有三种：（1）当 M_2 与其他论元异指时，M_2 保留，但由补语之前的位置变换到补语（动结式）之后，最后映射为动结式宾语 O_{VR}，如"哭湿""砍钝"类动结式。（2）当 M_2 与 M_1 同指时，两者合并映射为动结式主语 S，如"哭累""忙忘""听懂""洗累""教累""卖赔"类动结式。（3）当 M_2 与 G_1 同指时，两者合并映射为动结式宾语 O_{VR}，如"推倒""问烦"类动结式。当动结式有两个宾语时，映射为动结式近宾语 $O_{VR}{}^1$，如"教会"类动结式。从其实现方式可以看出：

（1）M_2的优势不如M_1，虽然在与M_1异指时得以保留，但M_1留在原位实现为主语，而M_2则须变换位置成为动结式宾语；（2）由于M_1的存在，M_2虽为补语的主体论元，但是它最可能实现的位置是动结式的宾语。

　　G_1是述语动词的动作关涉对象，它可能与G_2、M_2形成同指关系，它在句法实现中的方式有三种：（1）当G_1与其他论元异指时，G_1保留，需要通过重复动结式中的述语映射为动词宾语O_V，如"洗累""砍钝""卖赔"类动结式。当动词宾语有两个时，映射为动词近宾语O_V^1，如"教累"类动结式。（2）当G_1与G_2同指时，两者合并映射为动结式宾语O_{VR}，如"听懂"类动结式。（3）当G_1与M_2同指时，两者合并映射为动结式宾语O_{VR}，如"推倒""问烦"类动结式。当动结式有两个宾语时，映射为动结式近宾语O_{VR}^1，如"教会"类动结式。从其句法实现方式看，作为述语动词的受事，当G_1与其他论元异指时，G_1可实现为宾语，但需要先重复述语动词，然后实现为重复动词的宾语；当它与其他论元同指时，须与其他论元合并映射为动结式宾语。

　　G_1'是述语动词的第二个动作关涉对象，它只可能与G_2形成同指关系，它在句法实现中的方式有两种：（1）当G_1'与其他论元异指时，G_1'凸显，需要先重复述语动词，然后实现为重复动词的宾语O_V，如"问烦"类动结式。当动词宾语有两个时，映射为动词远宾语O_V^2，如"教累"类动结式。（2）当G_1'与G_2同指时，两者合并映射为动结式远宾语O_{VR}^2，如"教会"类动结式。

　　G_2是补语动词的动作关涉对象，它可能与G_1和G_1'形成同指关系，它与其他论元的关系有三种：（1）当G_2与其他论元异指时，G_2凸显，然后映射为动结式宾语O_{VR}，如"忙忘""卖赔"类动结式；（2）当G_2与G_1同指时，两者合并映射为动结式宾语O_{VR}，如"听懂"类动结式；（3）当G_2与G_1'同指时，两者合并映射为动结式远宾语O_{VR}^2，如"教会"类动结式。从其实现方式看，作为补语动词的宾语，G_2总是实现为动结式的宾语，且不出现位置变换。

　　V在句法实现中的方式有两种：（1）直接与补语合并，构成动结式，如"哭累""哭湿""忙忘""听懂""推倒""教会"类动结式；（2）重复动词，放在动结式之前，如"洗累""教累""砍钝""问烦""卖赔"类动结式。

综上所述，我们认为从论元结构层面分析汉语动结式的句法实现还有以下问题尚待讨论：（1）合并只是表面现象，其深层机制必然存在一个"凸显"（prominence）一个"隐退"（recession）① 的过程，"隐退是相对'凸显'而言的，'一隐一显'才形成一个整体"（吴为善，2011）。那么，合并的两个论元到底哪个凸显、哪个隐退，为什么这个凸显、那个隐退？（2）根据以上分析，除了 M_1 一定映射为句法结构中的主语以外，其他论元在不同情况下（同指或异指）所映射的句法位置都不尽相同。以 M_2 为例，当 M_2 与其他论元异指时，M_2 映射为动结式宾语 O_{VR}；当 M_2 与 M_1 同指时，两者合并映射为动结式主语 S；当 M_2 与 G_1 同指时，两者合并映射为动结式宾语 O_{VR}，当动结式有两个宾语时，映射为动结式近宾语 O_{VR}^{1}。（3）为什么 M_1 一定映射为句法结构中的主语？

在论元结构层面讨论，回答不了上述问题，下面我们尝试转向事件结构层面去寻找答案。

第二节　事件结构层面的汉语动结式分析

根据上文所分析的"事件结构"的概念，汉语动结式的"事件结构"指的是其深层语义，可以用事件结构表达式来描写，暂不讨论从事件结构到句法结构的映射。判断两个动结式事件结构相同还是不同的标准不仅包括表达式中参与者角色的数量，还包括他们之间的同指、异指关系。在描写汉语动结式的事件结构时，可以用 x、y、z 等变量来代表参与者角色。我们认为在例句中更能清楚地说明参与者角色之间的关系，因此，下面的分析都是基于各类动结式的典型例句的。

———————————

① 术语的翻译参考吴为善（2011）。

一　汉语动结式的事件结构分析

汉语动结式属于完成事件，依据莱文、拉帕波特的事件结构理论，完成事件的表达式应该为：[[x ACT$_{<MANNER>}$] CAUSE [BECOME [y < STATE >]]]①，用这个表达式可以准确描写"哭累""哭湿"两类动结式，如下所示：

(12)　[[张三$_1$ ACT$_{<哭>}$] CAUSE [BECOME [张三$_2$ < 累 >]]]②
(13)　[[张三　ACT$_{<哭>}$] CAUSE [BECOME [手绢 < 湿 >]]]

但是，若动结式中的述语为二价，如"张三洗衣服洗累了"中的"洗"、"张三推倒了椅子"中的"推"、"张三砍排骨砍钝了"中的"砍"，从深层语义上讲这些动词都有直接关涉对象，即"衣服""椅子"和"排骨"，而这些成分在现有的事件结构表达式中是体现不出来的，这是因为现有的事件结构表达式中一般只有两个参与者角色 x 和 y③。为了解决这个问题，我们需要在 ACT 后面增加一个参与者角色，即：[[x ACT$_{<MANNER>}$ (y)] CAUSE [BECOME [z < STATE >]]]④。因此，"洗累""推倒""砍钝"类动结式的事件结构就可以描写为：

(14)　[[张三$_1$ ACT$_{<洗>}$衣服] CAUSE [BECOME [张三$_2$ < 累 >]]]
(15)　[[张三　ACT$_{<推>}$椅子$_1$] CAUSE [BECOME [椅子$_2$ < 倒 >]]]
(16)　[[张三　ACT$_{<砍>}$这些排骨] CAUSE [BECOME [两把刀 < 钝 >]]]

---

① 由于汉语动结式不涉及位移，因此我们不考虑语义常量为 PLACE 的情况。
② 若表达式中出现参与者角色同指的情况，我们分别用下标 1 和 2 的形式表示，下文同。
③ 在拉帕波特、莱文（1998）中也提到了三个参与者角色的情况，即 [[x ACT$_{<MANNER>}$ y] CAUSE [BECOME [z < PLACE >]]]，这里的 y 指的是动词的隐含宾语，在句法结构中不出现，如：Phil swept the crumbs onto the table，x 为 Phil，y 为 the surface，z 为 the crumbs。
④ 括号表示里面的成分不是必有的，下文同。

汉语动结式中的述语还有三价的情况，如"张三教李四钢琴教累了"中的"教"、"张三问问题问烦了李四"中的"问"，从深层语义上讲这些动词的直接关涉对象有两个，即"李四、钢琴"和"李四、问题"。这时，汉语动结式的事件结构表达式就需要再作修订，即：[[x ACT$_{<MANNER>}$ ($\underline{y_1}$ & $\underline{y_2}$)]CAUSE [BECOME [z < STATE >]]]。在表达式中，我们设定：指人的动作对象为 y_1，指物或表动作的动作对象为 y_2。因此，"教累""问烦"类动结式的事件结构表达式可以描写为：

（17）[[张三$_1$ ACT$_{<教>}$ $\underline{李四}$ & $\underline{钢琴}$] CAUSE [BECOME [张三$_2$ < 累 >]]]

（18）[[张三　ACT$_{<问>}$ $\underline{李四_1}$ & $\underline{问题}$] CAUSE [BECOME [李四$_2$ < 烦 >]]]

跟英语的动补结构相比，汉语动结式之所以复杂，除了述语有一价、二价和三价的情况以外，补语既可以是一价形容词也可以是二价动词，如"张三忙忘了做饭"中的"忘"、"张三听懂了我的话"中的"懂"、"张三卖电脑卖赔了一万块钱"中的"赔"、"张三教会了李四骑马"中的"会"都可以带宾语。从深层语义上讲，这些补语也有直接关涉对象，也需要在事件结构表达式中得以体现，即：[[x ACT$_{<MANNER>}$ ($\underline{y_1}$ & $\underline{y_2}$)] CAUSE [BECOME [z_1 < STATE > (z_2)]]]。同理，我们设定，指人的受影响角色为 z_1，指物或表动作的受影响角色为 z_2。因此，"忙忘""听懂""卖赔""教会"类动结式的事件结构表达式可以描写为：

（19）[[张三$_1$ ACT$_{<忙>}$] CAUSE [BECOME [张三$_2$ < 忘 > 做饭]]]

（20）[[张三$_1$ ACT$_{<听>}$$\underline{我的话_1}$] CAUSE [BECOME [张三$_2$ < 懂 > 我的话$_2$]]]

（21）[[张三$_1$ ACT$_{<卖>}$$\underline{电脑}$] CAUSE [BECOME [张三$_2$ < 赔 > 一万块钱]]]

(22)　[[张三 ACT$_{<教>}$ 李四$_1$ & 骑马$_1$] CAUSE [BECOME [李四$_2$ <会> 骑马$_2$]]]

克罗夫特（Croft）（1991&1998）把复杂事件结构看成"使因链"（causal chain），"使因链"上有三种参与者角色：（1）发起者（initiator），也就是一个事件的发出者或致使者（causer），相当于兰盖克（1987）的射体（trajector）。由于我们研究的是施事主语句，所以发起者总是指人，如"张三砍这些排骨砍钝了两把刀"中的"张三"。（2）动作对象（target of activity），即正在经历一个动作的实体，这个实体是动作的直接关涉对象，如"张三砍这些排骨砍钝了两把刀"中的"这些排骨"。（3）受影响角色（locus of affect），即在动作终点所涉及的实体，也就是兰盖克（1987）的界标（landmark），如"张三砍这些排骨砍钝了两把刀"中的"两把刀"（转引自张，2003）。

根据以上分析可知，汉语动结式的事件结构中 ACT 前面的参与者角色都是发起者，如"张三"；紧跟在 ACT 后面的名词性成分就是动作对象，当动结式中的动词为一价时没有动作对象，当动词为二价或三价时，分别有一个或两个动作对象；BECOME 后面的所有参与者角色都是受影响角色，当动结式中的补语为一价时，有一个受影响角色，当补语为二价时，有两个受影响角色。

研究汉语动结式的事件结构，除了描写出事件结构的表达式以外，还要考虑参与者角色之间的关系。观察 11 类汉语动结式的事件结构表达式，很多参与者角色都存在同指关系，那么我们就必须考虑哪个"凸显"，哪个"隐退"的问题。张（2003）按重要性为三种参与者角色排了一个序："发起者──→受影响角色──→动作对象"，箭头左边比箭头右边重要。也就是说，在从事件结构到句法结构的映射过程中，"发起者"最容易凸显，"动作对象"最容易隐退。

这个重要性序列与认知语言学的观点也是一致的：从能量传递的角度来说，"发起者"是能量的源头，是一个场景中最凸显的部分，通常被视为主要焦点，放在句法结构中主语的位置；"动作对象"必须凸显为重动句中重复动词的宾语，是为了解释发生位置或状态变化的原因的，重动句可以"用来交代或提供原因这一背景信息"（张旺熹，2009：59），它并不是认知上的焦点；"受影响角色"是能量传递的终点，它的结果状态需要得到认知意义上的强调突出，是整个场景中的次要焦点，因此，它的重要性仅次于发起者。

另外，泰尔米（2000）的"注意窗"（window of attention）理论也为我们提供了佐证。泰尔米把致使事件结构分为五个次事件，分别表示一个事件从发生到结束的五个阶段，以"约翰（用一块石头）打破了窗户"为例，这五个次事件为：（1）约翰想要发起打破窗户这个动作；（2）约翰拿起一块石头，将石头抛出去；（3）石头在空中飞行；（4）石头与窗户发生碰撞；（5）窗户破了。泰尔米认为中间的三个次事件都是可以省略的，只有次事件（1）和（5）的注意窗必须开启。次事件（1）中的"约翰"即动作的发起者，次事件（5）中的"窗户"即受影响角色，也就是说，发起者和受影响角色必须凸显。

下面我们对汉语动结式事件结构表达式中的成分及其之间的关系进行逐项分析。

发起者与其他参与者角色之间的关系有两种：（1）当发起者与其他参与者角色异指时，发起者一定凸显，如"哭湿""推倒""砍钝""问烦""教会"类动结式；（2）发起者与受影响角色同指，这时发起者凸显，受影响角色隐退，如"哭累""洗累""教累""忙忘""听懂""卖赔"类动结式。也就是说，事件结构中的发起者总是凸显。

动作对象只有一个时，它是述语动词的动作关涉对象，与其他参与者角色之间的关系有两种：（1）当动作对象与其他参与者角色异指时，动作对象凸显，但凸显条件是重复动词，实现为重复动词的宾语，如"洗累""砍钝""卖赔"类动结式；（2）当动作对象与受影响角色同指时，动作对象隐退，受影响角色凸显，如"推倒""听懂"类动结式。当述语动词为三价时，事件结构中可能出现两个动作对象，动作对象$_1$一般指人，动作对象$_2$一般指物。动作对象$_1$与其他参与者角色之间的关系有两种：

（1）当动作对象$_1$与其他参与者角色异指时，动作对象$_1$凸显，凸显条件是重复动词，实现为重复动词的宾语，如"教累"类动结式；（2）当动作对象$_1$与受影响角色同指时，动作对象$_1$隐退，受影响角色凸显，如"问烦""教会"类动结式。动作对象$_2$与其他参与者角色之间的关系有两种：（1）当动作对象$_2$与其他参与者角色异指时，动作对象$_2$凸显，凸显条件是重复动词，实现为重复动词的宾语，如"教累""问烦"类动结式；（2）当动作对象$_2$与受影响角色$_2$同指时，动作对象$_2$隐退，受影响角色$_2$凸显，如"教会"类动结式。从上面的分析看，动作对象在异指时可保留，实现为重复动词的宾语，但是它常与受影响角色同指，而同指时，动作对象须隐退，其优势地位弱于受影响角色。

受影响角色与补语动词有关，它是补语动词的动作关涉对象。受影响角色与其他参与者角色之间的关系有三种：（1）当受影响角色与其他参与者角色异指时，受影响角色凸显，如"哭湿""砍钝"类以及"忙忘""卖赔"类中的受影响角色$_2$；（2）当受影响角色与发起者同指时，受影响角色隐退，发起者凸显，如"哭累""洗累""忙忘""听懂""卖赔"类动结式；（3）当受影响角色与动作对象同指时，受影响角色凸显，动作对象隐退，如"推倒""问烦""听懂"类动结式。从上述分析可以看到，无论受影响角色是一个还是两个，它在与其他成分异指时，均凸显；而在同指时，其优势地位因弱于发起者而隐退，但因高于动作对象而凸显。

述语与其他成分的关系有两种：（1）直接与补语合并，构成动结式，如"哭累""哭湿""忙忘""听懂""推倒""教会"类动结式；（2）在须凸显动作对象时重复述语，用在动结式之前，如"洗累""教累""砍钝""问烦""卖赔"类动结式。

综上所述，为了在事件结构表达式中体现参与者角色之间的关系，我们用括号表示隐退，对 11 类汉语动结式的事件结构进行了重新描写，如下：

(23)［［张三₁ ACT₍哭₎］CAUSE［BECOME［（张三₂）＜累＞］］］

(24)［［张三 ACT₍哭₎］CAUSE［BECOME［手绢＜湿＞］］］

(25)［［张三₁ ACT₍洗₎衣服 CAUSE［BECOME［（张三₂）＜累＞］］］

(26)［［张三 ACT₍推₎（椅子₁）］CAUSE［BECOME［椅子₂＜倒＞］］］

(27)［［张三 ACT₍砍₎这些排骨］CAUSE［BECOME［两把刀＜钝＞］］］

(28)［［张三₁ACT₍教₎李四 & 钢琴］CAUSE［BECOME［（张三₂）＜累＞］］］

(29)［［张三 ACT₍问₎（李四₁）& 问题］CAUSE［BECOME［李四₂＜烦＞］］］

(30)［［张三₁ ACT₍忙₎］CAUSE［BECOME［（张三₂）＜忘＞做饭］］］

(31)［［张三₁ ACT₍听₎（我的话₁）］CAUSE［BECOME［（张三₂）＜懂＞我的话₂］］］

(32)［［张三₁ ACT₍卖₎电脑］CAUSE［BECOME［（张三₂）＜赔＞一万块钱］］］

(33) ［［张三 ACT₍教₎（李四₁）&（骑马₁）］CAUSE［BECOME［李四₂＜会＞骑马₂］］］

根据上文的研究，我们将有关 11 类汉语动结式事件结构的规律总结如下：

（1）汉语动结式的事件结构中最少有两个（发起者、受影响角色），最多有五个参与者角色（发起者、动作对象₁、动作对象₂、受影响角色₁、受影响角色₂）；

（2）汉语动结式的事件结构中最多可以凸显三个参与者角色（发起者、动作对象、受影响角色，或者发起者、动作对象₁、动作对象₂，或者发起者、受影响角色₁、受影响角色₂）；

（3）发起者无论在什么情况下一定凸显；

（4）动作对象只要与其他参与者角色同指，则隐退。当事件结构中有两个动作对象时，动作对象$_1$（指人宾语）和动作对象$_2$（指物宾语）要么同时凸显，要么同时隐退，要么动作对象$_2$单独凸显，动作对象$_1$从不单独凸显；

（5）受影响角色除了跟发起者同指以外，都凸显。当事件结构中有两个受影响角色时，受影响角色$_1$（补语动词的主语）和受影响角色$_2$（补语动词的宾语）要么同时凸显，要么受影响角色$_2$单独凸显，受影响角色$_1$不单独凸显。也就是说，只要事件结构中存在受影响角色$_2$，则一定凸显。

二　事件结构到句法结构的映射

解决了事件结构描写的问题，下面我们继续分析事件结构是如何映射到句法结构的。在分析的时候，我们不考虑事件结构表达式中括号里的参与者角色，因为它们已经隐退，不可能映射到句法结构中。我们考虑的是凸显的参与者角色映射到句法结构中的什么位置，是直接映射还是通过位置变换实现的。

我们先来分析"哭累"类动结式，发起者"张三$_1$"直接映射为句法结构的主语，述语"哭"与补语"累"合并构成动结式"哭累"，图示如下：

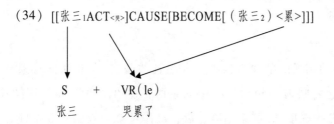

（34）[[张三$_1$ACT$_{<哭>}$]CAUSE[BECOME[（张三$_2$）<累>]]]

S　　　+　　VR（le）
张三　　　　哭累了

"哭湿"类动结式的事件结构中，发起者"张三"和受影响角色"手绢"都凸显。发起者映射为句法结构中的主语；述语"哭"和补语"湿"合并构成动结式"哭湿"；受影响角色映射为动结式宾语，这里面存在一个位置变换，即在深层语义中受影响角色"手绢"在补语"湿"

的前面，但在句法结构中"手绢"却在补语"湿"之后。在图示时，存在相对位置变换的受影响角色和补语我们统一用阴影突出显示，下文同，如下：

（35） [[张三　ACT<哭>]CAUSE [BECOME [手绢<湿>]]]

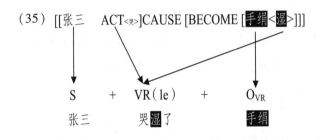

S　　　　+　VR（le）　+　O_{VR}
张三　　　　哭湿了　　　　　手绢

"忙忘"类动结式的事件结构中，发起者"张三₁"和受影响角色₂"做饭"凸显。发起者映射为句法结构中的主语；述语"忙"和补语"忘"合并构成动结式"忙忘"，居于主语之后；受影响角色₂映射为动结式宾语，图示如下：

（36） [[张三₁ACT<忙>] CAUSE [BECOME [（张三₂）<忘>做饭]]]

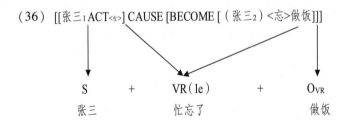

S　　　　+　VR（le）　　　+　O_{VR}
张三　　　　忙忘了　　　　　做饭

"洗累"类动结式的事件结构中，发起者"张三₁"和动作对象"衣服"凸显。发起者映射为句法结构中的主语；述语"洗"和补语"累"合并构成动结式"洗累"，居于主语之后；动作对象"衣服"无法映射为动结式宾语，而是通过重复述语"洗"，映射为动词宾语，放在动结式之前，图示如下：

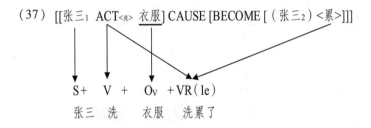

（37）[[张三₁ ACT_{＜洗＞} 衣服] CAUSE [BECOME [（张三₂）＜累＞]]]

S＋　　V　＋　O_V　＋VR（le）
张三　　洗　　衣服　　洗累了

"推倒"类动结式的事件结构中，发起者"张三"和受影响角色"椅子₂"凸显。发起者映射为句法结构中的主语；述语"推"和补语"倒"合并构成动结式"推倒"，居于主语之后；受影响角色映射为动结式宾语，这里面存在一个位置变换，即在深层语义中受影响角色"椅子"在补语"倒"的前面，但在句法结构中"椅子"却在补语"倒"之后，图示如下：

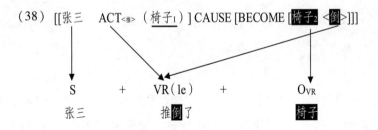

（38）[[张三　ACT_{＜推＞}（椅子₁）] CAUSE [BECOME [椅子₂＜倒＞]]]

S　　　　＋　VR（le）　＋　　　O_{VR}
张三　　　　推倒了　　　　　　椅子

"砍钝"类动结式的事件结构中，发起者"张三"、动作对象"这些排骨"和受影响角色"两把刀"都凸显。发起者"张三"映射为句法结构中的主语；述语"砍"和补语"钝"合并构成动结式"砍钝"，居于主语之后；受影响角色映射为动结式宾语，这里面存在一个位置变换，即在深层语义中受影响角色"两把刀"在补语"钝"的前面，但在句法结构中"两把刀"却在补语"钝"之后；动作对象"这些排骨"不能映射为动结式宾语，因为该位置已经被受影响角色占据，因此只能先重复述语"砍"，然后映射为动词宾语，放在动结式之前，图示如下：

（39）

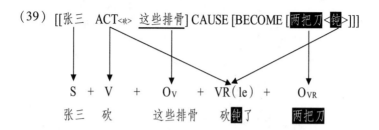

"听懂"类动结式的事件结构中，发起者"张三₁"和受影响角色₂"我的话"凸显。发起者映射为句法结构中的主语；述语"听"和补语"懂"合并构成动结式"听懂"，居于主语之后；受影响角色₂映射为动结式宾语。图示如下：

（40）

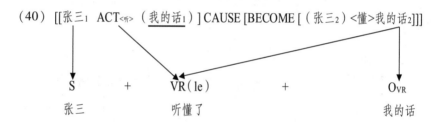

"卖赔"类动结式的事件结构中，发起者"张三₁"、动作对象"电脑"和受影响角色₂"一万块钱"都要凸显。发起者"张三₁"映射为句法结构中的主语；述语"卖"和补语"赔"合并构成动结式"卖赔"，居于主语之后；受影响角色映射为动结式宾语；动作对象"电脑"不能映射为动结式宾语，因为该位置已经被受影响角色占据，因此只能先重复述语"卖"，然后映射为动词宾语，放在动结式之前，图示如下：

（41）

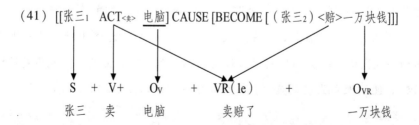

　　"教累"类动结式的事件结构中，发起者"张三₁"、动作对象₁"李四"和动作对象₂"钢琴"都要凸显。发起者映射为句法结构中的主语；述语"教"和补语"累"合并构成动结式"教累"，居于主语之后；动作对象₁"李四"和动作对象₂"钢琴"没有映射为动结式宾语，而是先重复述语"教"，然后映射为动词宾语，放在动结式之前，"李四"指人，映射为近宾语，"钢琴"映射为远宾语，图示如下：

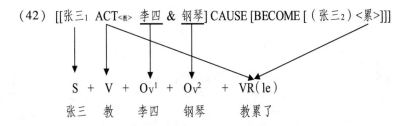

（42）[[张三₁ ACT<教> 李四 & 钢琴] CAUSE [BECOME [（张三₂）<累>]]]

S ＋ V ＋ Oᵥ¹ ＋ Oᵥ² ＋ VR(le)
张三　教　李四　钢琴　　教累了

　　"问烦"类动结式的事件结构中，发起者"张三"、动作对象₂"问题"和受影响角色"李四₂"都要凸显。发起者"张三"映射为句法结构中的主语；述语"问"和补语"烦"合并构成动结式"问烦"，居于主语之后；受影响角色映射为动结式宾语，这里面存在一个位置变换，即在深层语义中受影响角色"李四₂"在补语"烦"的前面，但在句法结构中"李四₂"却在补语"烦"之后；动作对象₂"问题"不能映射为动结式宾语，因为该位置已经被受影响角色占据，因此只能先重复述语"问"，然后映射为动词宾语，放在动结式之前，图示如下：

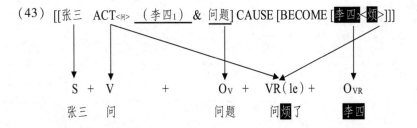

（43）[[张三 ACT<问> （李四₁）& 问题] CAUSE [BECOME [李四₂<烦>]]]

S ＋ V ＋ Oᵥ ＋ VR(le) ＋ O_VR
张三　问　　问题　问烦了　李四

　　"教会"类动结式的事件结构中，发起者"张三"、受影响角色$_1$"李四$_2$"和受影响角色$_2$"骑马$_2$"都要凸显。发起者映射为句法结构中的主语；述语"教"和补语"会"合并构成动结式"教会"，居于主语之后；受影响角色$_1$和受影响角色$_2$都映射为动结式宾语，受影响角色$_1$指人，映射为近宾语，受影响角色$_2$映射为远宾语，这里面存在一个位置变换，即在深层语义中受影响角色"李四$_2$"在补语"会"的前面，但在句法结构中"李四$_2$"却在补语"会"之后。图示如下：

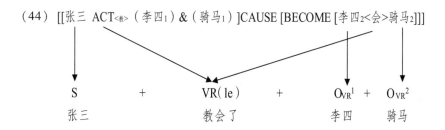

（44）[[张三 ACT$_{<教>}$（李四$_1$）&（骑马$_1$）]CAUSE [BECOME [李四$_2$<会>骑马$_2$]]]

S　　　　+　　　　VR（le）　　　　+　　　　O$_{VR}^1$ + O$_{VR}^2$

张三　　　　　　　　教会了　　　　　　　　李四　　骑马

　　根据以上分析，"哭湿"和"推倒"类动结式从事件结构到句法结构的映射过程是一样的，"忙忘"类和"听懂"类动结式也可以归为一类，"砍钝"类和"问烦"类动结式亦然。因此，我们以映射过程为标准，把汉语动结式进行分类，如表3—5所示。

表3—5　　　　**汉语动结式从事件结构到句法结构的映射过程**

映射过程	动结式类别	句法结构
发起者映射为主语，述语与补语合并	"哭累"类	S + VR
发起者映射为主语，述语与补语合并，受影响角色位置变换映射为动结式宾语	"哭湿"类	S + VR + O$_{VR}$
	"推倒"类	
发起者映射为主语，述语与补语合并，受影响角色$_2$映射为动结式宾语	"忙忘"类	
	"听懂"类	
发起者映射为主语，述语与补语合并，重复述语，动作对象映射为动词宾语	"洗累"类	S + V + O$_V$ + VR

映射过程	动结式类别	句法结构
发起者映射为主语，述语与补语合并，重复述语，动作对象/动作对象$_2$映射为动词宾语，受影响角色位置变换映射为动结式宾语	"砍钝"类	$S + V + O_V + VR + O_{VR}$
	"问烦"类	
发起者映射为主语，述语与补语合并，重复述语，动作对象映射为动词宾语，受影响角色$_2$映射为动结式宾语	"卖赔"类	
发起者映射为主语，述语与补语合并，重复述语，动作对象$_1$映射为动词近宾语、动作对象$_2$映射为动词远宾语	"教累"类	$S + V + O_V{}^1 + O_V{}^2 + VR$
发起者映射为主语，述语与补语合并，受影响角色$_1$位置变换后映射为动结式近宾语，受影响角色$_2$映射为动结式远宾语	"教会"类	$S + VR + O_{VR}{}^1 + O_{VR}{}^2$

基于以上分析，我们将汉语动结式从事件结构到句法结构的映射规则总结如下：

（1）发起者一定映射为主语。

（2）受影响角色一定映射为动结式宾语。但其映射过程比较复杂。①当只有一个受影响角色凸显时，a 若该角色为补语动词主语，在句法实现中存在一个相对位置变换，即在深层语义中受影响角色在补语之前，在句法结构中受影响角色位置变换至补语之后；b 若该角色为补语动词的宾语，则直接映射为动结式宾语，不存在相对位置变换。②当有两个受影响角色同时凸显时，a 若该角色为补语动词的主语，则映射为动结式的近宾语，在句法实现中存在一个相对位置变换；b 若该角色为补语动词的宾语，则直接映射为动结式远宾语，不存在相对位置变换。

（3）动作对象凸显时必须通过重复述语动词映射为动词宾语，放在动结式之前，①当有两个动作对象凸显时，指人的动作对象映射为动词近宾语，指物的动作对象映射为动词远宾语；②当有一个动作对象凸显时，直接映射为重复动词的宾语。

（4）动词与补语必须合并构成动结式，若有动作对象凸显，则要求重复动词，与宾语一起放在动结式之前。

动结式在语义层面是一个复杂事件，由两个子事件构成，在动结式的句法实现过程中，述语动词与补语动词须合并，因此导致了发起者、动作对象、受影响角色的凸显或隐退，而凸显时由于句法结构的限制，需要用位置变换、重复动词等手段来补充。那么，述语与补语合并以及制约句法实现方式的深层原因是什么？我们尝试从以下角度进行解释。根据赵长才（2000）的研究，动结式的产生是以连动句为句法前提的，述语和补语的合并最早出现在晚唐五代，产生的动因是"完形"理论，即整体比部分更容易感知、记忆、习得、命名和使用。根据戴浩一的"时间顺序原则"（the principle of temporal sequence），两个句法单位的相对次序取决于它们在概念域里的时间顺序，而概念域是客观事件在大脑中的表征，因此，两个句法单位的相对次序取决于客观事件的发生顺序。应用到汉语动结式的事件结构中，活动事件发生在达成事件之前，因此，活动事件中的参与者角色映射到句法结构中必须排在达成事件中的参与者角色之前。以"张三砍排骨砍钝了两把刀"为例，"张三砍排骨"是活动事件，"两把刀钝了"是达成事件，映射到句法结构中，三个参与者角色的先后次序应该是"发起者—动作对象—受影响角色"。因此，发起者一定映射为句法结构中的主语，而动作对象和受影响角色怎么进行句法配置则有三种可能性：（1）动作对象和受影响角色都映射为动结式宾语，前者映射为动结式近宾语，后者映射为远宾语，即：*张三砍钝了排骨两把刀（$S + VR + O_{VR}^{1} + O_{VR}^{2}$）；（2）重复动词，动作对象和受影响角色都映射为动词的宾语，前者映射为动词近宾语，后者映射为远宾语，即：*张三砍排骨两把刀砍钝了（$S + V + O_{V}^{1} + O_{V}^{2} + VR$）；（3）重复动词，动作对象映射为动词宾语，受影响角色映射为动结式宾语，即：张三砍排骨砍钝了两把刀（$S + V + O_{V} + VR + O_{VR}$）。

从深层语义上来说，动作对象是动作的直接关涉对象，跟动词的关系比较密切，而补语反映的是受影响角色的结果状态，跟受影响角色的关系比较密切。根据"距离象似性"原则，概念距离决定句法距离，因此，动作对象映射到句法上的位置应该离动词更近，而受影响角色映射到句法上的位置应该离补语更近。对于汉语动结式来说，离补语最近的位置就是动结式宾语，因此我们推断，受影响角色应该映射为动结式宾语，若受影响角色本为补语动词受事，则直接保留在原位，若受影响角色为补语动词施事，在述语动词与补语动词合并后，述语动词施事已占据主语位置，因此该受影响角色只能通过位置变换映射到补语动词之后。而离动词最近的位置应该是动词宾语，但是动词宾语和补语不能在同一个动词之后共现，为了解决"宾补争动"的矛盾，只能重复动词为宾语创造一个新的句法位置，放在动结式之前，这也是重动句产生的句法动因（裴晓燕，2007；孙红玲，2005）。综上所述，如果动作对象和受影响角色都凸显，则映射到句法结构中应该为：$S + V + O_V$（动作对象）$+ VR + O_{VR}$（受影响角色）。如果同时有两个动作对象凸显，则两个都映射为动词宾语，指人的动作对象映射为近宾语，指物的映射为远宾语，其句法结构应该为：$S + V + O_V{}^1$（动作对象$_1$）$+ O_V{}^2$（动作对象$_2$）$+ VR$；如果同时有两个受影响角色凸显，则两个都映射为动结式宾语，指人的受影响角色映射为近宾语，指物的映射为远宾语，其句法结构应该为：$S + VR + O_{VR}{}^1$（受影响角色$_1$）$+ O_{VR}{}^2$（受影响角色$_2$）。

三　用事件结构解释句法问题

现在我们可以回答上文中提到的本体研究中尚待讨论的问题，为了统一起见，所有例句的主语我们都换成张三。

1. 为什么"哭累"和"哭湿"都是"$V^1 + R^1$"形式，但是"哭累"只有一个主语 S，"哭湿"除了主语 S 以外，还可以带一个动结式宾语 O_{VR}？因为"哭累"的事件结构中没有受影响角色凸显，因此不能映射为动结式宾语 O_{VR}；"手绢"为"哭湿"事件结构的受影响角色，因此可以实现为动结式宾语 O_{VR}。

（45）张三哭累了。＊张三哭累了张三。

（46）＊张三哭湿了。张三哭湿了手绢。

2. 为什么"哭湿""推倒"和"洗累"都是二价的，但是除了主语 S

以外，"哭湿""推倒"可以带一个动结式宾语 O_{VR}，而"洗累"只能以重动句的形式带一个动词宾语 O_V？因为"手绢""椅子"为受影响角色，因此可以映射为动结式宾语 O_{VR}；而"衣服"为动作对象，只能映射为重动句中的动词宾语 O_V。

（47）张三哭湿了手绢。＊张三哭手绢哭湿了。

（48）张三推倒了椅子。＊张三推椅子推倒了。

（49）＊张三洗累了衣服。张三洗衣服洗累了。

在这里也可以解释为什么"＊张三吃饱了菜/馒头"都是不合语法的，因为"吃饱"跟"洗累"一样，都只能以重动句的形式带一个动词宾语 O_V。但新的问题又出现了，为什么"饭"可以充当动结式宾语 O_{VR}，如"张三吃饱了饭"？我们的解释是，"吃饭"已经成了一个固定搭配，"饭"实际上并不占句法位置，正如英文中"吃饭"的意思只用"eat"来表示，而不说"＊eat food"一样。同理，"老师教烦了课"的接受度要比"老师教烦了那节课"高，是因为"教课"越来越趋向于一个固定搭配了。

3. 为什么"砍钝"是三价的，可以带一个主语 S、一个动词宾语 O_V 和一个动结式宾语 O_{VR}，而"哭湿""推倒"却只能带一个主语 S 和一个动结式宾语 O_{VR}？"砍钝"的事件结构中发起者、动作对象和受影响角色都可以凸显，发起者映射为主语 S、动作对象映射为重动句中的动词宾语 O_V、受影响角色映射为动结式宾语 O_{VR}；而"哭湿""推倒"的事件结构中只能有两个参与者角色凸显，发起者映射为主语 S，受影响角色映射为动结式宾语 O_{VR}。

（50）张三砍这些排骨砍钝了两把刀。＊张三砍这些排骨两把刀砍钝了。＊张三砍钝了这些排骨两把刀。

现在我们就可以解释为什么动结式"教累"和"问烦"中的述语都

是三价的，但是"教累"可以带一个主语 S、两个动词宾语 O_V^1 和 O_V^2，而"问烦"却只能带一个主语 S、一个动词宾语 O_V 和一个动结式宾语 O_{VR}。由于除了主语 S 以外，"教累"句中的"李四"和"钢琴"都是动作对象，只能映射为重动句中的动词宾语 O_V；而"问烦"中的"问题"是动作对象，可以映射为重动句中的动词宾语 O_V，"李四"为受影响角色，可以映射为动结式宾语 O_{VR}。

（51）张三教李四钢琴教累了。＊张三教钢琴教累了李四。

（52）＊张三问李四问题问烦了①。张三问问题问烦了李四。

同理，现在也可以解释为什么动结式"卖赔"和"教会"都是三价的，但除了主语 S 以外，"卖赔"只能带一个动词宾语 O_V 和一个动结式宾语 O_{VR}，但是"教会"却能带两个动结式宾语 O_{VR}^1 和 O_{VR}^2？因为"卖赔"句中的"电脑"为动作对象，所以只能映射为重动句中的动词宾语 O_V，而"一万块钱"为受影响角色，所以可以映射为动结式宾语 O_{VR}；而"教会"句中的"李四""骑马"都是参与者角色，因此都映射为动结式宾语 O_{VR}。

（53）张三卖电脑卖赔了一万块钱。＊张三卖赔了电脑一万块钱。

（54）＊张三教李四教会了骑马。张三教会了李四骑马。

根据上面的分析我们可以发现，11 类汉语动结式事件结构及其到句法结构的映射过程中，起决定作用的是事件结构中各参与者角色自身的功能，而其实现方式则受到参与者角色数量、是否存在位置变换等因素的制约。那么这些因素是如何影响汉语第二语言学习者对动结式的习得的？下面我们将以本部分的分析结果为基础，探讨汉语动结式的理解与产出。

---

① 这句话在指"李四"烦的时候是不合语法的。

第四章

汉语动结式的理解实验

一 实验目的

本书关于动结式理解与使用的研究将针对英语母语者进行，为了解其学习情况，我们调查了三套在美国比较流行的汉语教材：《新的中国》（周质平等，1998）、《新实用汉语课本》（刘珣、张凯等，2002）和《中文听说读写》（姚道中、刘月华等，2009）。其中，在《新的中国》中我们没有找到关于结果补语的语法。我们认为，原因是《新的中国》是中级汉语教材，学习者应该已经系统地学过了语法；《新实用汉语课本》共六册、七十课，其中1—3册是初级教材，第四册是初级到中级的过渡，5—6册为中级教材。我们在第十八、二十五、二十八、三十四和三十八课找到了关于结果补语的介绍，但都没提到我们所研究的动结式；《中文听说读写》共两册（level 1，Level 2），每册包括 Part 1 和 Part 2 两本教材，这套教材是从零起点出发的，因此，注重一些重要的语法结构的讲解。结果补语这个语法项目出现在 Level 1 Part 2 中的第十二课、第十三课，但真正也是唯一对动结式进行分析和解释是在 Level 2 Part 1 中的第五课。它把动结式按补语的语义指向分为三类，第一类是补语指向动词，第二类是补语指向主语，第三类是补语指向宾语。后两类是本书所研究的动结式。但是，这里的分析只是举例式的，既没有穷尽动结式所有的语义关系，也没有给出像"$S + V + O_V + VR + O_{VR}$"这样的特殊句型。出现这种情况的原因可能有两个：一是教材编写者或二语教师认为学习者没有必要学习这种类型的动结式，二是学习者即使不用学也能理解甚至产出这种类型动结式，因为对于汉语母语者来说，"大卫推倒了椅子"，我们只能理解成"大卫推椅子"导致"椅子倒了"，没有别的偏误可能。

针对第一个原因，从类型学上来讲，汉语的动结式跟英语的动补结构无论从句法结构还是语义重心上来讲都有很大差异，英语母语者对这类动结式往往采取回避策略，以"大卫推倒了椅子"为例，英语母语者经常说成"大卫推椅子"和"椅子倒了"两个小句，因此，这类汉语动结式既有研究的价值，更有教学的必要；针对第二个原因，我们采访了三个高级汉语水平的英语母语者①，看看他们是不是真的能自然理解甚至自主产出这类动结式。我们设计了汉译英和看视频说话两个任务，结果是他们无法自主产出这类动结式，但是似乎可以理解大部分汉语句子的意思。为了更细致、深入地考察高级汉语水平的英语母语者对这类动结式的理解情况，本部分的听后翻译实验回答两个研究问题：一是学习者理解汉语动结式的影响因素及影响方式，二是学习者理解汉语动结式的偏误类型及深层原因。

二　实验任务

该听力实验的主要任务是汉译英，请高级汉语水平的英语母语者把听到的含有动结式的汉语句子书面翻译成英语，用听力的形式呈现是为了避免汉字的干扰和语序对应策略的使用。为了检查被试是否也理解了动结式的内在致使关系，我们同时要求被试在翻译完每个句子后，勾选出句子中可能含有的语义关系，包括：致使、并列、顺承、假设、条件和无关系，通过外显的方式了解学习者对动结式结构中动词与补语关系的理解。除了"致使"以外，其他语义关系都是填充选项。在实验开始之前我们设计了相关例句并给出了答案和解释，所有的解释性文字都用被试的母语英语表

---

① 在美国大学正式连续学习汉语的时间都在三年以上，又在北京学习中文或是攻读学位平均两年以上。

达。在测试完成后，如果发现问题，再对被试进行访谈。之所以找高级汉语水平的学习者，一是希望排除生词或生字等因素对句子理解的干扰；二是由于这类动结式比较复杂，初、中级汉语水平的学习者完成测试的难度较大。

三　被试

参与本研究的被试一共 18 个英语母语者，在大学正式学习汉语时间都在三年以上，平均学习汉语时间为七年，根据参加实验时所使用的教材，被试的汉语水平都为高级。被试年龄都在 18 岁到 30 岁，平均年龄为 23 岁。

四　实验材料

研究材料的来源如下：先从语法专著或语料库中找出 11 种类型的汉语动结式各 4 个，共 44 个①，再用这 44 个动结式在原有语料的基础上改写成符合本研究的句子材料，一个结构一个句子。改写时主要进行以下加工，如：把非施事主语句换成施事主语句，去掉里面不必要的定语或状语等修饰性成分，把句中词汇换成《汉语水平词汇与汉字等级大纲》（国家汉语水平考试委员会办公室考试中心，2001，以下简称《大纲》）的乙级以内词汇等。例如，语料库中的句子为"有人推倒椅子，有人站在椅子上"，本实验中修改为"哥哥推倒了椅子"。

为避免被试因重复练习而产生反应策略，实验材料中增加 22 个不同类型的句子作为填充材料，这些句子包括：（1）致使关系紧缩句，如：下雨我去不了了/下雪不上课了；（2）假设关系紧缩句，如：你看不懂就问/我有时间就来；（3）条件关系紧缩句，如：只有努力才会成功/你有

---

① "教会"类动结式比较特殊，没有其他的动结式，因此我们用"教会"组成 4 个不同的句子。

没有钱我都喜欢；（4）并列关系紧缩句，如：雨过天晴，天气越来越暖和；（5）顺承关系紧缩句，如：跳舞姐姐一学就会/哥哥出国就把我忘了；（6）表顺承关系的连动句，如：弟弟去找爸爸了/我打开看了一下；（7）表顺承关系的动趋式句子，如：哥哥走进了教室；（8）兼语句，如：让你妹妹来吧；（9）含有非短语型动结式的句子，如：我看完了比赛；（10）含有评述类动结式的句子，如：妹妹来晚了/那件衣服我买贵了；（11）含有动词带程度补语的句子，如：今天的天气好极了。其中（8）—（11）四种类型的句子中不包含实验题目所涉及的致使关系。在正式的实验中，相同类型的材料不能连续出现三次以上。

　　所有的句子都通过了 22 名汉语母语者的评定，这 22 名汉语母语者均为理工科大学本科生，评定程序采用五度量表，分"很不合理——不合理——一般——合理——很合理"五个水平，评定结果采用计分制，从左到右依次计"1"到"5"分，"3"分以上的句子可作为实验材料。

五　实验结果

　　计算分数时，先排除填充材料，保留 44 个目标句，有 11 种事件结构类型，每种 4 个句子，每个句子理解正确计"1"分，其中正确理解参与者角色及其关系、选出句中所含的致使关系各占"0.5"分。正确理解参与者角色及其关系指的是从被试翻译出来的英文句子中可以提取汉语句子事件结构中所有的参与者角色信息及其关系，如"妹妹哭累了"，有的被试翻译成"Little sister is very tired"，从这个英文句子中只能提取出来一个动作的发起者"little sister（妹妹）"，并且没有导致"累"的原因部分，而从相应的汉语句子中则可以提取出来两个参与者角色，一个是动作的发起者"妹妹₁"，一个是受影响角色"妹妹₂"，因此该被试没有正确理解汉语参与者角色及其关系，该句理解成绩计为"0"分。

　　我们回收的问卷共 18 份，除去两份错误率较高的无效问卷以外，共得到 16 份有效问卷，这 16 份问卷的正确率都在 65% 以上，平均正确率为 75%。我们统计了每类事件结构总分的平均值和标准差，平均值从高到低依次列举，如表4—1所示。

表4—1 11 类事件结构理解成绩的平均值和标准差

事件结构类型	平均值（Mean）	标准差（SD）
"洗累"类	3.66	0.35
"砍钝"类	3.38	0.61
"忙忘"类	3.13	0.72
"教累"类	3.06	0.60
"哭累"类	3.03	0.56
"哭湿"类	3.03	0.85
"推倒"类	2.94	0.89
"问烦"类	2.84	0.85
"卖赔"类	2.63	0.67
"教会"类	2.56	0.79
"听懂"类	2.19	0.31

注：平均值的满分为4分。

　　数据显示，被试并不能完全理解这11类动结式的意思，分值最高的"洗累"类动结式也只有3.66分，与预期不同的是，"听懂"类的分值最低，仅为2.19分。使用spss17.0对以上数据进行单因素被试内重复测量方差分析，数据显示，事件结构类型的主效应显著（$F_{(10, 150)}$ = 7.368，$p < 0.05$）。对11类事件结构动结式两两进行单因素被试内配对样本 t 检验，结果显示，"洗累"类与平均值较低的动结式相比，从"忙忘"类开始差异显著（$t = 2.390$，$df = 15$，$p < 0.05$）；"砍钝"类与平均值较低的动结式相比，从"推倒"类开始差异显著（$t = 2.206$，$df = 15$，$p < 0.05$）；"忙忘"类与平均值较低的动结式相比，从"卖赔"类开始差异显著（$t = 2.335$，$df = 15$，$p < 0.05$）；"教累"类与平均值较低的动结式相比，从"教会"类开始差异显著（$t = 2.449$，$df = 15$，$p < 0.05$）；"哭累"类与平均值较低的动结式相比，从"教会"类开始差异显著（$t = 2.328$，$df = 15$，$p < 0.05$）；"哭湿"类与平均值较低的动结式相比，从

"卖赔"类开始差异显著（$t = 1.932$，$df = 15$，$p < 0.05$）；"推倒"类与平均值较低的动结式相比，与"听懂"类差异显著（$t = 3.426$，$df = 15$，$p < 0.05$）；"问烦"类与平均值较低的动结式相比，与"听懂"类差异显著（$t = 3.159$，$df = 15$，$p < 0.05$）；"卖赔"类与平均值较低的动结式相比，与"听懂"类差异显著（$t = 2.907$，$df = 15$，$p < 0.05$）；"教会"类与"听懂"类差异显著（$t = 2.423$，$df = 15$，$p < 0.05$）。根据上面的分析，我们可以按照被试对动结式的理解难度把 11 类动结式分成四组，组内动结式之间没有显著差异，组间差异显著：（1）"洗累"类、"砍钝"类（$t = 1.369$，$df = 15$，$p > 0.05$）；（2）"忙忘"类、"教累"类、"哭累"类、"哭湿"类、"推倒"类和"问烦"类（F（5，75）$= 0.411$，$p > 0.05$）；（3）"卖赔"类、"教会"类（$t = 0.293$，$df = 15$，$p > 0.05$）；（4）"听懂"类。

由于我们把被试对目标句的理解分成了两部分，一是对参与者角色及其关系的理解，二是对致使关系的理解，各占 0.5 分。因此，我们认为"听懂"类的分值最低，可能是因为被试没有理解句中所含的致使关系，因此下面我们分别计算这两个部分得分的均值和标准差，如表 4—2 所示。

表 4—2　　11 类事件结构中参与者角色及其关系和致使关系的平均值和标准差

事件结构类型	参与者角色及其关系		致使关系	
	平均值（Mean）	标准差（SD）	平均值（Mean）	标准差（SD）
"哭累"类	0.45	0.06	0.30	0.08
"哭湿"类	0.43	0.05	0.33	0.06
"忙忘"类	0.47	0.03	0.31	0.07
"洗累"类	0.49	0.00	0.41	0.09
"推倒"类	0.46	0.03	0.27	0.08
"砍钝"类	0.44	0.03	0.40	0.03
"听懂"类	0.50	0.00	0.05	0.04
"卖赔"类	0.41	0.13	0.24	0.18
"教累"类	0.42	0.07	0.34	0.15
"问烦"类	0.39	0.10	0.32	0.05

续表

事件结构类型	参与者角色及其关系		致使关系	
	平均值（Mean）	标准差（SD）	平均值（Mean）	标准差（SD）
"教会"类	0.48	0.02	0.16	0.02

注：平均值的满分为 0.5 分。

使用 spss17.0 对参与者角色及其关系的理解数据进行单因素被试内重复测量方差分析，数据显示，事件结构类型的主效应显著（$F_{(10, 150)}$ = 3.776，$p < 0.05$）。使用 spss17.0 按平均值由高到低（"听懂"类 > "洗累"类 > "教会"类 > "忙忘"类 > "推倒"类 > "哭累"类 > "砍钝"类 > "哭湿"类 > "教累"类 > "卖赔"类 > "问烦"类）依次对参与者角色及其关系的理解数据两两进行单因素被试内配对样本 t 检验，结果显示，"听懂"类与平均值较低的动结式相比，从"哭累"类开始差异显著（$t = 3.000$，$df = 15$，$p < 0.05$）；"洗累"类与平均值较低的动结式相比，从"哭累"类开始差异显著（$t = 2.076$，$df = 15$，$p < 0.05$）；"教会"类与平均值较低的动结式相比，从"教累"类开始差异显著（$t = 2.150$，$df = 15$，$p < 0.05$）；"忙忘"类与平均值较低的动结式相比，从"卖赔"类开始差异显著（$t = 2.782$，$df = 15$，$p < 0.05$）；"推倒"类与平均值较低的动结式相比，与"问烦"类差异显著（$t = 2.334$，$df = 15$，$p < 0.05$）；"哭累"类、"砍钝"类、"哭湿"类、"教累"类、"卖赔"类和"问烦"类之间没有显著差异（$F_{(5, 75)}$ = 0.625，$p > 0.05$）。综上所述，我们可以按照被试对参与者角色及其关系的理解难度把 11 类动结式分成两组，组内动结式之间没有显著差异，组间差异显著：（1）"听懂"类、"洗累"类、"教会"类、"忙忘"类、"推倒"类（$F_{(4, 60)}$ = 1.210，$p > 0.05$）；（2）"哭累"类、"砍钝"类、"哭湿"类、"教累"类、"卖赔"类和"问烦"类（$F_{(5, 75)}$ = 0.625，$p > 0.05$）。

使用 spss17.0 对致使关系的理解数据进行单因素被试内重复测量方差分析，数据显示，事件结构类型的主效应显著（$F_{(10, 150)}$ =

14.090，$p < 0.05$）。使用 spss17.0 按平均值由高到低（"洗累"类 > "砍钝"类 > "教累"类 > "哭湿"类 > "问烦"类 > "忙忘"类 > "哭累"类 > "推倒"类 > "卖赔"类 > "教会"类 > "听懂"类）依次对致使关系的理解数据两两进行单因素被试内配对样本 t 检验，结果显示，"洗累"类与平均值较低的动结式相比，从"教累"类开始差异显著（$t = 3.576$，$df = 15$，$p < 0.05$）；"砍钝"类与平均值较低的动结式相比，从"哭湿"类开始差异显著（$t = 2.611$，$df = 15$，$p < 0.05$）；"教累"类与平均值较低的动结式相比，从"卖赔"类开始差异显著（$t = 2.448$，$df = 15$，$p < 0.05$）；"哭湿"类与平均值较低的动结式相比，从"卖赔"类开始差异显著（$t = 2.905$，$df = 15$，$p < 0.05$）；"问烦"类与平均值较低的动结式相比，从"教会"类开始差异显著（$t = 3.873$，$df = 15$，$p < 0.05$）；"忙忘"类与平均值较低的动结式相比，从"教会"类开始差异显著（$t = 3.578$，$df = 15$，$p < 0.05$）；"哭累"类与平均值较低的动结式相比，从"教会"类开始差异显著（$t = 2.915$，$df = 15$，$p < 0.05$）；"推倒"类与平均值较低的动结式相比，从"教会"类开始差异显著（$t = 2.267$，$df = 15$，$p < 0.05$）；"卖赔"类与平均值较低的动结式相比，从"听懂"类开始差异显著（$t = 7.006$，$df = 15$，$p < 0.05$）；"教会"类与"听懂"类差异显著（$t = 3.529$，$df = 15$，$p < 0.05$）。根据以上分析，我们可以按照被试对致使关系的理解难度把 11 类动结式分成四组，组内动结式之间没有显著差异，组间差异显著：（1）"洗累"类与"砍钝"类（$t = 0.212$，$df = 15$，$p > 0.05$）；（2）"教累"类、"哭湿"类、"问烦"类、"忙忘"类、"哭累"类、"推倒"类（$F_{(5, 75)} = 0.625$，$p > 0.05$）；（3）"卖赔"类、"教会"类（$t = 1.775$，$df = 15$，$p > 0.05$）；（4）"听懂"类。

　　根据我们的研究，这 11 类汉语动结式属于不同的事件结构类型，其中事件结构中的"参与者角色数量""动作对象的数量""受影响角色的数量"以及"参与者角色之间同指数量"都有可能影响学习者对参与者角色及其关系和致使关系的理解。除了事件结构以外，事件结构到句法结构的映射也是我们要考察的因素，包括"参与者角色的凸显数量""动作对象的凸显数量"和"受影响角色的凸显数量"。下面我们分别进行考察。

第一,考察"参与者角色数量"对参与者角色及其关系和致使关系理解的影响。我们把"参与者角色数量"分为四类,每类对参与者角色及其关系和致使关系理解的平均值和标准差如表4—3所示。

表4—3　　　　参与者角色的数量类别及每类的平均值和标准差

事件结构类型	参与者角色数量	参与者角色及其关系		致使关系	
		平均值（Mean）	标准差（SD）	平均值（Mean）	标准差（SD）
"哭累"类/"哭湿"类	2	0.44	0.07	0.32	0.09
"忙忘"类/"推倒"类/"洗累"类/"砍钝"类	3	0.47	0.04	0.29	0.11
"听懂"类/"教累"类/"问烦"类/"卖赔"类	4	0.44	0.05	0.26	0.08
"教会"类	5	0.41	0.06	0.24	0.12

使用 spss17.0 对参与者角色及其关系数据进行单因素被试内重复测量方差分析,结果显示,四者的差异显著（$F(3, 45) = 4.788$, $p < 0.05$）。这说明参与者角色的数量是学习者对参与者角色及其关系理解的一个影响因素。对参与者角色数量的四种类别两两进行配对样本 t 检验,结果显示,参与者角色数量为 2 时与数量为 3 时的差异显著（$t = -3.171$, $df = 15$, $p < 0.05$）,与数量为 4 和 5 时的差异不显著（$t = 0.333$, $df = 15$, $p > 0.05$; $t = 1.239$, $df = 15$, $p > 0.05$）;参与者角色数量为 3 时与数量为 4 和 5 时的差异都显著（$t = 3.230$, $df = 15$, $p < 0.05$; $t = 3.257$, $df = 15$, $p < 0.05$）;参与者角色数量为 4 和 5 时的差异不显著（$t = 1.260$, $df = 15$, $p > 0.05$）。

使用 spss17.0 对致使关系数据进行单因素被试内重复测量方差分析,结果显示,四者的差异也是显著的（$F(3, 45) = 3.360$, $p < 0.05$）。这说明参与者角色的数量也是影响学习者对致使关系理解的一个因素。对参

与者角色数量的四种类别两两进行配对样本 t 检验，结果显示，参与者角色数量为 2 时与数量为 3 时的差异不显著（$t=1.354$，$df=15$，$p>0.05$），与数量为 4 和 5 时的差异显著（$t=2.548$，$df=15$，$p<0.05$；$t=2.292$，$df=15$，$p<0.05$）；参与者角色数量为 3 时与数量为 4 和 5 时差异不显著（$t=1.770$，$df=15$，$p>0.05$；$t=1.519$，$df=15$，$p>0.05$）；参与者角色数量为 4 时与数量为 5 时差异不显著（$t=0.613$，$df=15$，$p>0.05$）。

　　第二，考察动作对象的数量对参与者角色及其关系和致使关系理解的影响。我们把动作对象的数量分为三类，每类对参与者角色及其关系和致使关系理解的平均值和标准差如表 4—4 所示。

表 4—4　　　　动作对象的数量类别及每类的平均值和标准差

事件结构类型	动作对象数量	参与者角色及其关系		致使关系	
		平均值（Mean）	标准差（SD）	平均值（Mean）	标准差（SD）
"哭累"类／"哭湿"类／"忙忘"类	0	0.45	0.06	0.32	0.09
"推倒"类／"洗累"类／"砍钝"类／"听懂"类／"卖赔"类	1	0.46	0.03	0.28	0.08
"教会"类／"教累"类／"问烦"类	2	0.43	0.06	0.28	0.11

　　使用 spss17.0 对参与者角色及其关系数据进行单因素被试内重复测量方差分析，结果显示，三者的差异显著（$F(2,30)=4.981$，$p<0.05$）。这说明动作对象的数量是影响学习者对参与者角色及其关系理解的一个因素。对动作对象数量类型两两进行配对样本 t 检验，结果显示，动作对象数量为 0 和 1 时，两者之间的差异不显著（$t=-1.143$，$df=15$，$p>0.05$）；动作对象为 0 和 2 时，两者之间的差异显著（$t=2.236$，$df=15$，$p<0.05$）；动作对象为 1 和 2 时，两者之间的差异也显著（$t=2.688$，$df=15$，$p>0.05$）。

　　使用 spss17.0 对致使关系数据进行单因素被试内重复测量方差分析，结果显示，三者的差异不显著（F（2，30）= 2.726，$p > 0.05$）。这说明动作对象的数量不影响学习者对致使关系的理解。

　　第三，考察受影响角色的数量对参与者角色及其关系和致使关系理解的影响。我们把受影响角色的数量分为两类，每类对参与者角色及其关系和致使关系理解的平均值和标准差如表 4—5 所示。

表 4—5　　　　　　　**受影响角色的数量类别及每类的平均值和标准差**

事件结构类型	受影响角色的数量	参与者角色及其关系		致使关系	
		平均值（Mean）	标准差（SD）	平均值（Mean）	标准差（SD）
"哭累"类／"哭湿"类／"推倒"类／"洗累"类／"砍钝"类／"教累"类／"问烦"类	1	0.44	0.06	0.34	0.07
"忙忘"类／"听懂"类／"教会"类／"卖赔"类	2	0.46	0.03	0.19	0.11

　　使用 spss17.0 对参与者角色及其关系数据进行单因素被试内配对样本 t 检验，结果显示，两者的差异不显著（$t = -2.013$，$df = 15$，$p > 0.05$）。这说明受影响角色的数量对参与者角色及其关系的理解没有影响。

　　使用 spss17.0 对致使关系数据进行单因素被试内配对样本 t 检验，结果显示，两者的差异显著（$t = 7.852$，$df = 15$，$p < 0.05$）。这说明受影响角色的数量是影响对致使关系理解的一个因素，受影响角色数量较多时，学习者理解其致使关系的难度大，正确率较低。

　　第四，考察参与者角色的同指数量对参与者角色及其关系和致使关系理解的影响。我们把参与者角色的同指数量分为三类，每类对参与者角色及其关系和致使关系理解的平均值和标准差如表 4—6 所示。

表 4—6　　　参与者角色的同指数量类别及每类的平均值和标准差

事件结构类型	参与者角色的同指数量	参与者角色及其关系		致使关系	
		平均值（Mean）	标准差（SD）	平均值（Mean）	标准差（SD）
"哭湿"类／"砍钝"类	0	0.43	0.09	0.37	0.11
"哭累"类／"忙忘"类／"推倒"类／"洗累"类／"教累"类／"问烦"类／"卖赔"类	1	0.44	0.04	0.32	0.07
"听懂"类／"教会"类	2	0.49	0.03	0.11	0.13

　　使用 spss17.0 对参与者角色及其关系数据进行单因素被试内重复测量方差分析，结果显示，三者的差异显著（F（2，30）= 6.526，$p <$ 0.05）。这说明参与者角色的同指数量是影响学习者对参与者角色及其关系理解的一个重要因素。对参与者角色的同指数量两两进行配对样本 t 检验，结果显示，参与者角色同指数量为 0 时与数量为 1 时之间没有显著差异（$t = -0.608$，$df = 15$，$p > 0.05$），与数量为 2 时的差异显著（$t = -2.782$，$p < 0.05$）；参与者角色同指数量为 1 和 2 时的差异显著（$t = -3.629$，$df = 15$，$p < 0.05$）。

　　使用 spss17.0 对致使关系数据进行单因素被试内重复测量方差分析，结果显示，三者的差异显著（F（2，30）= 70.489，$p < 0.05$）。这说明参与者角色的同指数量也是影响对致使关系理解的一个因素。对参与者角色的同指数量两两进行配对样本 t 检验，结果显示，参与者角色同指数量为 0 时与数量为 1 时的差异显著（$t = 2.464$，$df = 15$，$p < 0.05$），与数量为 2 时的差异显著（$t = 9.732$，$df = 15$，$p < 0.05$）；参与者角色同指数量为 1 和 2 时，两者之间的差异显著（$t = 9.606$，$df = 15$，$p < 0.05$）。

　　第五，考察从事件结构到句法结构的映射过程中参与者角色的凸显数量对参与者角色及其关系和致使关系理解的影响。我们把参与者角色的凸显数量分为三类，其对参与者角色及其关系和致使关系理解的平均值和标准差如表 4—7 所示。

表 4—7　　　**参与者角色的凸显数量类别及每类的平均值和标准差**

事件结构类型	参与者角色的凸显数量	参与者角色及其关系		致使关系	
		平均值（Mean）	标准差（SD）	平均值（Mean）	标准差（SD）
"哭累"类	1	0.45	0.06	0.30	0.14
"哭湿"类/"忙忘"类/"推倒"类/"洗累"类/"听懂"类	2	0.47	0.04	0.28	0.09
"砍钝"类/"教会"类/"教累"类/"问烦"类/"卖赔"类	3	0.43	0.05	0.30	0.09

使用 spss17.0 对参与者角色及其关系数据进行单因素被试内重复测量方差分析，结果显示，三者的差异显著（F（2，30）= 4.652，$p < 0.05$）。这说明参与者角色的凸显数量是影响学习者对参与者角色及其关系理解的一个重要因素。对参与者角色凸显数量两两进行配对样本 t 检验，结果显示，凸显数量为 1 时与数量为 2 时的差异不显著（$t = -1.166$，$df = 15$，$p > 0.05$），与数量为 3 时的差异也不显著（$t = 1.615$，$df = 15$，$p > 0.05$），但与凸显数量为 2 和 3 时的差异显著（$t = 3.796$，$df = 15$，$p < 0.05$）。

使用 spss17.0 对致使关系数据进行单因素被试内重复测量方差分析，结果显示，三者的差异不显著（F（2，30）= 0.430，$p > 0.05$）。这说明参与者角色的凸显数量对致使关系的理解没有影响。

第六，考察从事件结构到句法结构的映射过程中动作对象凸显的数量对参与者角色及其关系和致使关系理解的影响。我们把动作对象凸显数量分为两类，其对参与者角色及其关系和致使关系理解的平均值和标准差如表 4—8 所示。

表 4—8　　　　**动作对象凸显数量的类别及每类的平均值和标准差**

事件结构类型	动作对象凸显数量	参与者角色及其关系		致使关系	
		平均值（Mean）	标准差（SD）	平均值（Mean）	标准差（SD）
"哭累"类/"哭湿"类/"忙忘"类/"推倒"类/"听懂"类/"教会"类	0	0.46	0.05	0.24	0.10
"洗累"类/"砍钝"类/"问烦"类/"卖赔"类	1	0.43	0.05	0.35	0.08
"教累"类	2	0.42	0.11	0.34	0.11

使用 spss17.0 对参与者角色及其关系数据进行单因素被试内重复测量方差分析，结果显示，三者的差异不显著（$F_{(2, 30)} = 3.000$，$p > 0.05$）。这说明动作对象凸显的数量对参与者角色及其关系的理解没有影响。

使用 spss17.0 对致使关系数据进行单因素被试内重复测量方差分析，结果显示，三者的差异显著（$F_{(2, 30)} = 10.481$，$p < 0.05$）。这说明动作对象的凸显数量是影响对致使关系理解的一个因素。对动作对象凸显数量两两进行配对样本 t 检验，结果显示，凸显数量为 0 时与为 1 时的差异显著（$t = -5.069$，$df = 15$，$p < 0.05$），与凸显数量为 2 时的差异也显著（$t = -3.360$，$df = 15$，$p < 0.05$）；与凸显数量为 2 和 3 时的差异不显著（$t = 0.072$，$df = 15$，$p > 0.05$）。

最后，考察从事件结构到句法结构的映射过程中受影响角色凸显的数量对参与者角色及其关系和致使关系理解的影响。我们把受影响角色凸显的数量分为三类，其对参与者角色及其关系和致使关系理解的平均值和标准差如表 4—9 所示。

表4—9   受影响角色凸显数量的类别及每类的平均值和标准差

事件结构类型	受影响角色凸显数量	参与者角色及其关系		致使关系	
		平均值（Mean）	标准差（SD）	平均值（Mean）	标准差（SD）
"哭累"类/"洗累"类/"教累"类	0	0.46	0.05	0.35	0.07
"哭湿"类/"忙忘"类/"推倒"类/"砍钝"类/"听懂"类/"问烦"类/"卖赔"类	1	0.44	0.05	0.28	0.09
"教会"类	2	0.48	0.07	0.16	0.19

使用 spss17.0 对参与者角色及其关系数据进行单因素被试内重复测量方差分析，结果显示，三者的差异不显著（$F_{(2, 30)} = 2.196$，$p > 0.05$）。这说明受影响角色凸显的数量对参与者角色及其关系的理解没有影响。

使用 spss17.0 对致使关系数据进行单因素被试内重复测量方差分析，结果显示，三者的差异显著（$F_{(2, 30)} = 15.369$，$p < 0.05$）。这说明受影响角色的凸显数量是影响对致使关系理解的一个因素。对受影响角色凸显数量的三类两两进行配对样本 t 检验，结果显示，凸显数量为 0 时与数量为 1 时的差异显著（$t = 3.000$，$df = 15$，$p < 0.05$），与数量为 2 时的差异也显著（$t = 4.544$，$df = 15$，$p < 0.05$）；与受影响角色凸显数量为 1 和 2 时的差异显著（$t = 3.323$，$df = 15$，$p < 0.05$）。

综上所述，事件结构及其事件结构到句法结构的映射过程中对参与者角色及其关系和致使关系理解的影响因素如表4—10所示（我们用"√"表示有影响，用"×"表示没有影响）。

表4—10   对"参与者角色及其关系"和"致使关系"理解的影响因素

影响因素	参与者角色及其关系	致使关系
参与者角色的数量	√	√
动作对象的数量	√	×

续表

影响因素	参与者角色及其关系	致使关系
受影响角色的数量	×	√
参与者角色的同指数量	√	√
参与者角色的凸显数量	√	×
动作对象的凸显数量	×	√
受影响角色的凸显数量	×	√

六　分析与讨论

研究结果显示，影响学习者理解参与者角色及其关系的因素有四个："参与者角色的数量""动作对象的数量""参与者角色的同指数量"和"参与者角色的凸显数量"。其中"参与者角色的凸显数量"反映在句法上就是句子成分①的数量。具体分析如下。

（1）参与者角色的数量。根据数据分析结果，事件结构中有三个参与者角色时，被试理解参与者角色及其关系的难度最小，其次是有两个、四个和五个参与者角色时。学习者理解汉语动结式的过程实际上是从句法结构到事件结构的还原过程，一般来说，参与者角色数量越多，需要还原的成分越多，加工起来越复杂，因此在有四个或五个参与者角色时理解难度较大。对于一个动结式事件来说，其最典型的语义是有发起者、动作对象、受影响三个角色的参与，若句法结构中只有两个参与者角色，这意味着其中的述语动词没有动作对象，在无其他完句成分的情况下，其语义的自足性是较弱的，这可能是导致有两个参与者角色时句子理解难度高于有三个参与者角色时的原因之一。

（2）动作对象的数量。根据数据分析结果，动作对象为零和一个时，被试理解参与者角色及其关系的难度没有差别，当动作对象增加到两个时，加工难度比前者才明显增大。如"小孩儿问问题问烦了爸爸"中有

---

① 这里的"句法成分"指的是句法结构中所有的名词性成分，如：主语、动词宾语和动结式宾语，下文同。

两个动作对象需要还原，一个由重复动词的宾语"问题"还原，另一个需要由动结式宾语"爸爸"还原，比"姐姐笑疼了肚子"这类没有动作对象的动结式还原起来更复杂。

（3）参与者角色的同指数量。根据数据分析结果，参与者角色的同指数量越多，分值越高，理解参与者角色及其关系的难度越小，但是同指数量为零和一时难度差别不大，同指数量增加到二时才出现了显著差别。我们认为，这是因为参与者角色的同指数量越多，隐退的参与者角色越多，需要加工的参与者角色越少。如"妈妈教会了我做饭"中虽然共有五个参与者角色，但参与者角色之间的同指关系有两组，动作对象"我$_1$"和受影响角色"我$_2$"，动作对象"做饭$_1$"和受影响角色"做饭$_2$"，最后凸显的参与者角色总数只有三个，因此加工难度也有所降低。

（4）参与者角色的凸显数量。根据数据分析结果，参与者角色凸显数量为一个和两个时被试理解参与者角色及其关系的难度较小，凸显数量为三个时明显增大。对应到句法中，有几个参与者角色凸显就有几个句法成分，也就是说，句法结构中有三个成分时被试对参与者角色及其关系的加工难度明显大于有一个和两个句法成分时。

影响学习者理解致使关系的因素有五个："参与者角色的数量""受影响角色的数量""参与者角色的同指数量""动作对象的凸显数量"和"受影响角色的凸显数量"。下面我们进行具体分析。

（1）参与者角色的数量。根据数据分析结果，参与者角色数量越多，理解致使关系的难度越大。但是参与者角色数量为两个和三个时被试理解致使关系的难度没有差别，当参与者角色的数量增加到四个和五个时才出现显著差别。我们认为，这与参与者角色及其关系的理解难度有关，参与者角色越多，对参与者角色及其关系理解的难度越大，从而影响到对致使关系的理解。以"爸爸卖电脑卖赔了五千块钱"为例，事件结构中有四个参与者角色，而被试的翻译有"＊Dad bought a computer for 5000"或者"＊Dad sold the computer for 5000"，在这里事件结构中的第二个子事件没有被翻译出来，受影响角色"爸爸$_2$"和"五千块钱"都没有被还原，因此理解致使关系也就无从谈起。

（2）受影响角色的数量。根据数据分析结果，受影响角色为两个时被试理解致使关系的难度比受影响角色为一个时显著提高。这可能与被试受母语影响有一定关系，在本研究中，若动结式有两个受影响角色，意味着补语动词为二价，语义上施事与受事共现，但是，英语中的动补结构中受影响角色只有一个，如 "They drank the pub dry"，其事件结构表达式为：$[[\text{They ACT}_{<\text{DRANK}>}]$ CAUSE $[\text{BECOME}\ [\text{the pub} < \text{DRY} >]]]$，the pub 为受影响角色，这是因为英语动补结构中的补语只能是形容词，不能是二价动词。因此，当英语母语者理解汉语动结式中的二价动词时，虽然可以把句法结构还原为两个子事件，但是却不能把这类动结式与英语的动补结构联系起来，因此也不能还原两个子事件之间的致使关系。

（3）参与者角色的同指数量。根据数据分析结果，参与者角色的同指数量越多被试理解致使关系的难度越大。这与对参与者角色及其关系的理解是相反的。从事件结构理论来分析，汉语动结式是一个复杂事件，由活动事件和达成事件两个子事件构成，参与者角色的同指关系就发生在两个子事件之间，同指数量越多，两个子事件的联系越紧密，动词和补语的词汇化程度越高，学习者甚至已经把"教会"类和"听懂"类动结式当成了词；另外，从语言的经济性角度来说，在从语义到句法实现的过程中，除必需的重复（如重动句）外，同指的参与者角色一般受优势地位的制约而隐现，同指角色越多，意味着隐去的成分也越多，因此理解其中的致使关系时难度加大。

（4）动作对象是否凸显。根据数据分析结果，动作对象凸显一个或者两个的情况比没有动作对象凸显的情况加工难度显著降低。动作对象的凸显数量反映到句法中跟动词是否重复和动词带几个宾语有关：如果没有动作对象凸显，则句法结构中没有重复动词；如果一个动作对象凸显，则句法结构中需要重复动词，且动词带一个宾语；如果两个动作对象凸显，则句法结构中不仅需要重复动词，且动词带两个宾语。也就是说，在句法结构中重复动词时被试对致使关系的加工难度明显低于没有重复动词时，至于重复动词带几个宾语影响不大。从事件结构的角度看，动结式本身就是由活动事件和达成事件按照时间先后序列构成的，在句法结构中重复动词的语序跟事件结构的原型更接近，如"妈妈洗衣服洗累了"，动词重复的功能在某种程度上类似于提供了动结式的形式标记，因此更容易分解动词和补语两个成分之间的语义，并还原其致使关系。

（5）受影响角色的凸显数量。根据数据分析结果，受影响角色的凸显数量越多，被试理解致使关系的难度越大。受影响角色的凸显数量反映到句法中跟动结式的宾语数量有关，如果没有受影响角色凸显，则动结式没有宾语；如果一个受影响角色凸显，则动结式带一个宾语；如果两个受影响角色凸显，则动结式带两个宾语。也就是说，在句法结构中动结式带宾语的数量越多，意味着补语动词所关涉的语义角色数量越多，被试理解致使关系的难度越大。

考察了 11 种汉语动结式的影响因素及影响方式以后，下面我们将具体分析被试理解这些汉语动结式的偏误类型及深层原因。被试理解参与者角色及其关系的偏误类型如下。

（1）参与者角色残缺。当目标句的句法结构中没有重复动词时，学习者比较容易提取到补语和动结式宾语，而忽略主语和述语，动结式宾语还原为受影响角色，主语被忽略造成动作的发起者还原失败，述语被忽略造成动作对象还原失败。如："＊His bicycle broken"（弟弟骑坏了自行车）①，用事件结构分析，"弟弟"为动作的发起者，"自行车"既是动作对象又是受影响角色，即"弟弟骑自行车，自行车坏了"，但是被试只翻译出了受影响角色，动作的发起者和动作对象残缺，正确的答案为"Little brother broke the bicycle by riding it"。

当目标句的句法结构中有重复动词时，学习者比较容易捕捉到主语、述语和动词宾语，而忽略补语和动结式宾语，造成受影响角色还原失败。当句法结构中没有动结式宾语时，补语被忽略造成主语到受影响角色的还原失败。如："＊I call him small Wang"（我叫他小王叫惯了），用事件结构分析，"我"既是动作的发起者又是受影响角色，即"我叫他小王，我（习）惯了"，但是被试只翻译出来动作的发起者和动作对象，受影响角

---

① 英文为被试的翻译，有偏误的翻译用 ＊ 标出，括号里的为原汉语句子，下文同。

色残缺，正确的答案为"I call him small Wang, and I'm used to it"或者"I'm used to calling him small Wang"；当句法结构中有动结式宾语时，动结式宾语被忽略造成动结式宾语到受影响角色的还原失败，如"＊Older brother taught smoking, a bad thing, to younger brother."（哥哥教抽烟教坏了弟弟），用事件结构分析，"哥哥"为动作的发起者，"弟弟"既是动作对象又是受影响角色，即"哥哥教弟弟抽烟，弟弟（变）坏了"，但被试只翻译出了动作对象，受影响角色残缺。

综上所述，参与者角色残缺的根本原因都在于在有参与者角色同指时，被试无法正确提取这种同指关系，因而在从句法结构到事件结构还原的过程中出现偏误。

（2）参与者角色类型错认，主要表现在把动作的发起者或者动作对象错认为受影响角色。如："＊Students were worried about asking the new teacher questions"（学生问问题问怕了新来的老师），用事件结构分析，"学生"是动作的发起者，"新来的老师"既是动作对象又是受影响角色，即"学生问新来的老师问题，新来的老师怕了"，但是被试把"学生"当成了受影响角色，翻译成了"学生怕"，正确的答案为"Students scared the new teacher from asking too many questions"；又如："＊Mom hurt little brother's hand"（妈妈打弟弟打疼了手），用事件结构分析，"妈妈"是动作的发起者，"弟弟"是动作对象，"妈妈的手"是受影响角色，即"妈妈打弟弟，妈妈的手疼"，但是被试把"弟弟的手"当成了受影响角色，正确的答案为"Mum hurt her hand from beating young brother"。这种偏误主要出现在参与者角色数量较多、结构复杂的动结式中，出现这种偏误的根本原因在于被试对参与者角色的功能认知不清，即动作的发起者为一个事件的致使者，动作对象为动作的直接关涉对象，受影响角色为动作终点所涉及的实体。

我们将被试在致使关系层面出现的主要偏误类型总结如下：

（1）把致使关系误认为状中关系，如："＊Little sister cried urgently"（妹妹急哭了），"＊Brother lost his bag while playing"（弟弟玩丢了书包），"＊Little sister made a napkin wet with her tears"（妹妹哭湿了手绢）；

（2）把致使关系误认为并列关系，如："＊Younger sister panicked and cried"（妹妹急哭了），"＊Grandfather is tired and sick"（爷爷累病了），"＊Younger brother beat and hurt younger sister"（弟弟打伤了妹妹）；

（3）把致使关系误认为顺承关系，如："＊He went crazy thinking about money"（他想钱想疯了），"＊My mum hurt her hand while beating my brother"（妈妈打弟弟打疼了手），"＊My brother lost his bag while playing basketball"（哥哥打篮球打丢了书包)[①]；

（4）把致使关系误认为没有关系，如："Brother broke the bicycle"（弟弟骑坏了自行车），"Mom taught me how to cook food"（妈妈教会了我做饭），"I understood what you said"（我听懂了你的话）。这种情况以"教会"类和"听懂"类动结式最为明显，理解参与者角色及其关系和致使关系两个部分的分值分别相差 0.33 和 0.45。

使用 spss17.0 对"参与者角色及其关系"和"致使关系"数据进行单因素被试内配对样本 t 检验，结果显示，被试对参与者角色及其关系和致使关系的理解差异显著（$t = 8.420$，$p < 0.05$），平均值和标准差如表 4—11 所示。

表 4—11　对"参与者角色及其关系"和"致使关系"理解的平均值和标准差

	平均值	标准差
参与者角色及其关系	0.45	0.04
致使关系	0.29	0.08

数据显示，学习者理解汉语动结式"致使关系"比"参与者角色及其关系"难度大得多。根据我们的研究，有动词重复动结式中的致使关系相对容易理解，而没有动词重复动结式中的致使关系比较难觉察。下面我们将采用行为实验的方式，重点考察学习者对无动词重复动结式事件结构的加工情况。

---

①　用"while…"的翻译看起来像状动，但是被试选择的语义关系是 sequential（顺承）。

第五章

汉语动结式事件结构的加工实验

　　无动词重复的动结式有六种："哭累"类、"哭湿"类、"忙忘"类、"推倒"类、"听懂"类和"教会"类，我们选取其中四种句法结构完全相同的动结式进行考察，即"哭湿"类、"忙忘"类、"推倒"类和"听懂"类。由于我们的研究是基于事件结构理论的，而学习者对动结式的理解受到事件结构中"致使关系"和"参与者角色"两个因素的影响，因此除了考察学习者对致使关系的理解以外，我们还希望考察学习者对参与者角色的加工情况。在选取实验材料时，我们需要控制除了事件结构之外的其他两个因素，即"句法结构"和"映射过程"，根据之前的研究成果，我们选择句法结构相同的"哭湿""忙忘""推倒"和"听懂"类进行研究，并把"哭湿"和"推倒"、"忙忘"和"听懂"两两配对，"哭湿"和"推倒"类在映射过程中有位置变换，"忙忘"和"听懂"类无位置变换，因此我们通过以下两个小实验进行考察。

第一节　有位置变换动结式事件结构的加工实验

一　实验目的

　　（1）考察学习者是否能理解有位置变换的汉语动结式中的致使关系；（2）考察学习者理解有位置变换的汉语动结式时对参与者角色的加工情况，以及致使关系和参与者角色之间的相互影响。

二 实验任务

本实验使用启动条件下的句子判断（语义合理性判断）任务。该任务的主要逻辑基础是语义启动效应，即如果启动词跟目标句在语义上相关，那么被试判断目标句的反应时应该会受到启动词的影响。

三 被试

参与本研究的被试一共 19 个英语母语者，在大学正式学习汉语时间都在三年以上，平均学习汉语时间为六年，根据参加实验时所使用的教材，被试的汉语水平都为高级。被试年龄都在 18 岁到 30 岁，平均年龄为 25 岁。

四 实验设计

实验采用 2×2 两因素被试内设计。

1. 自变量：a. 启动词与目标句之间的语义关系，分一致和不一致两个水平，为被试内变量。由于目标句含有致使义，"一致"条件时目标句由"因为……所以……"启动，"不一致"条件时由非致使义关联词启动；b. 汉语动结式的两种事件结构类型"哭湿"类和"推倒"类，为被试内变量，二者之间的区别在于"哭湿"类事件结构中没有动作对象，而"推倒"类有。

2. 因变量：被试在不同启动条件下对目标句语义合理性判断的反应时和正确率。

3. 控制变量：被试年龄、实验材料的句长、词汇难度（除个别字以外都是《大纲》中的乙级以内词汇）。

五 实验材料

我们选取句法结构相同（S + VR + O_{VR}），从事件结构到句法结构的映射过程相同，且都有位置变换的两类汉语动结式（"哭湿"和"推倒"类）组成的句子作为目标材料，这两类汉语动结式的事件结构不同，如表 5—1 所示。

表 5—1　　　　　　　　　"哭湿"和"推倒"类汉语动结式示例

句法结构	映射过程	事件结构
$S + VR + O_{VR}$	发起者映射为主语，述语与补语合并，受影响角色映射为动结式宾语，有位置变换	[[张三　$ACT_{<哭>}$] CAUSE [BECOME [手绢 < 湿 >]]]
		[[张三　$ACT_{<推>}$（椅子$_1$）] CAUSE [BECOME [椅子$_2$ < 倒 >]]]

实验材料的生成方式如下：先从语法专著或语料库中找出两种类型的汉语动结式各 10 个，共 20 个，再为每个动结式编制两个句子，一个语义合理，另一个语义不合理，语义合理的句子作为目标材料，语义不合理的为填充材料。为了最大限度地降低其他因素的干扰，造句的时候遵循以下原则：所有句子的主语都用"张三"，句子宾语都是双字词，句中不含定语或状语等修饰性成分，句中词汇都是《大纲》中的乙级以内词汇等。所有句子都通过了 25 名汉语母语者的评定，这 25 名汉语母语者均为理工科大学本科生，评定程序采用五度量表，分"很不合理——不合理——一般——合理——很合理"五个水平，评定结果采用计分制，从左到右依次计"1"到"5"分，"3"分以上的句子作为目标材料，填充材料的接受度都在"2"分以下。

目标材料内部的语义关系为致使关系，因此我们用表示致使关系的关联词"因为……所以……"作为实验启动词，用表示其他关系的关联词，如"虽然……但是……，不是……就是……，不但……而且……，与其……不如……"作为控制启动词。所有的实验材料都出现两次，一次由实验启动词启动，另一次由控制启动词启动，为了避免练习效应，同样的句子由实验启动词和控制启动词启动各占一半。相同的句子不连续出现，含有相同类型动结式的句子不连续三次以上出现，实验材料或填充材料不连续三次以上出现，启动词不连续两次以上出现。具体实验材料如表

5—2 所示。

表 5—2 　　　　　　　　　　　　　实验材料举例

启动词与目标句之间的语义关系	事件结构类型	启动词	目标句
一致	"哭湿"类	因为……所以……	张三哭湿了手绢
	"推倒"类	因为……所以……	张三推倒了桌子
不一致	"哭湿"类	虽然……但是……	张三哭湿了手绢
	"推倒"类	不是……就是……	张三推倒了桌子

六　实验程序

实验刺激在 12 英寸的电脑显示器上呈现，呈现刺激及收集行为数据的软件为 E-Prime1.1。

实验开始后，被试首先会看到一个红色的注视点（＋），呈现时间为 500ms，注视点消失后出现启动词。实验中启动词的呈现时间为 400ms，接着启动词消失，启动词后有一个 150ms 的空白屏，接着依次呈现目标句的三个词，每个词的呈现时间为 400ms，同样，第一个和第二个目标词后都有一个 150ms 的空白屏，第三个目标词呈现完以后，有一个 2600ms 的空白屏。被试的任务是在目标句的最后一个词出现之后 2600ms 内通过按键判断该目标句的语义是否合理。（反应键是键盘上的 F 键和 J 键，为了平衡利手的反应效应，在实验开始之前主试会先询问被试的利手，如果是右手，语义合理按 J 键，不合理按 F 键，如果是左手，语义合理按 F 键，不合理按 J 键。）如果被试在规定时间内没有反应，目标词会自动消失，之后进入下一个流程。具体的流程见图 5—1。

目标句之所以选择分词呈现的方式，是为了避免整句呈现时被试反复回读造成反应时过长的问题。刺激呈现方式为伪随机呈现，即首先将所有材料随机排序，然后人工调整，确保（1）相同的句子不连续呈现；（2）含有相同类型动结式的句子不连续三次以上呈现；（3）实验材料或填充材料不连续三次以上呈现；（4）启动词不连续两次以上呈现。该实

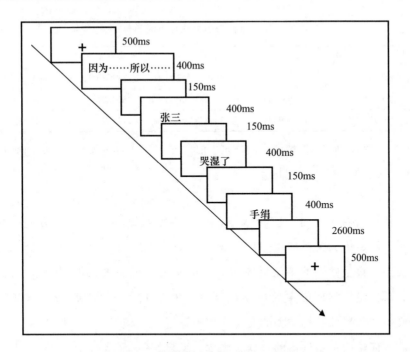

图 5—1　实验程序中每个试次的流程

验共包括 80 对材料（启动词 + 目标句），分为两部分，中间有一次休息。

在正式实验之前，被试要完成一个包括八对材料的练习，练习的程序同正式实验，一半为目标材料，一半为填充材料。练习中有反馈，以帮助被试熟悉反应键。确保被试明白实验要求且熟悉了反应键之后才开始正式实验。

七　实验结果

因变量为被试在不同条件下对目标句判断的反应时和正确率。对反应时数据进行统计分析前，首先删除被试反应错误的数据和反应时间在均值3 个标准差以外的值，共保留总数据的 84%，四种条件下的平均反应时和标准差结果见表 5—3。

表5—3　　　　　　　　四种条件下目标句的平均反应时和标准差

语义关系 事件结构类型	一致		不一致	
	反应时（RT）	标准差（SD）	反应时（RT）	标准差（SD）
"哭湿"类	937.11	283.36	871.21	301.90
"推倒"类	901.69	252.69	791.73	269.32

　　注：表中反应时 RT 全称为 Reaction Time，单位为毫秒（ms）；标准差 SD 全称为 Standard Deviation，mean 为平均值，下文同。

　　使用 spss17.0 对反应时数据进行两因素被试内重复测量方差分析，结果显示，语义关系的主效应显著（$F_{(1, 17)} = 7.09$，$p < 0.05$），语义关系一致条件下的平均反应时长于语义关系不一致条件下的平均反应时，事件结构类型的主效应不显著（$F_{(1, 17)} = 2.195$，$p > 0.05$），语义关系和事件结构类型的交互作用不显著（$F < 1$）。

　　下面是四种条件下的平均正确率，见表5—4。

表5—4　　　　　　　　四种条件下目标句的平均正确率

语义关系 事件结构类型	一致		不一致	
	正确率（CR）	标准差（SD）	正确率（CR）	标准差（SD）
"哭湿"类	0.87	0.11	0.83	0.13
"推倒"类	0.83	0.15	0.84	0.16

　　注：表中正确率 CR 全称为 Correct Rate，用小数表示，下文同。

　　使用 spss17.0 对正确率进行两因素被试内重复测量方差分析，结果显示，语义关系的主效应不显著（$F_{(1, 17)} = 0.607$，$p > 0.05$），事件结构类型的主效应不显著（$F_{(1, 17)} = 0.134$，$p > 0.05$）；语义关系和事件结构类型的交互作用不显著（$F_{(1, 17)} = 0.380$，$p > 0.05$）。

八　分析与讨论

　　本实验是在四种条件下进行的，这四种条件分别是：（1）"哭湿"类事件结构、语义关系一致；（2）"哭湿"类事件结构、语义关系不一致；（3）"推倒"类事件结构、语义关系一致；（4）"推倒"类事件结构、语义关系不一致。本实验的目的之一是考察学习者是否能理解有位置变换的汉语动结式中的致使关系，在这里有位置变换的汉语动结式指的是"哭湿"和"推倒"两类结构，要考察学习者是否能理解其中的致使关系主要是看语义关系一致和语义关系不一致这两类材料平均反应时数据之间有没有显著差异。语义关系一致指的是用致使关系关联词"因为……所以……"来启动含有"哭湿"和"推倒"这两类动结式的目标句，语义关系不一致指的是用其他关系关联词（如：不但……而且……、不是……就是……、虽然……但是……、与其……不如……）来启动含有"哭湿"和"推倒"这两类动结式的目标句。在其他因素得到控制的条件下，如果最后所得的语义关系一致和不一致两类平均反应时数据之间有显著差异，这就说明致使关系关联词"因为……所以……"对"哭湿"和"推倒"这两类动结式事件结构中的致使关系有启动效应。前面的数据分析结果表明，语义关系的主效应显著（$F_{(1, 17)} = 7.09$，$p < 0.05$），这说明学习者能够理解这两类动结式中的致使关系。

本实验的目的之二是考察学习者理解有位置变换的汉语动结式时对参与者角色的加工情况，以及致使关系和参与者角色之间的相互影响。"哭湿"和"推倒"两类动结式事件结构的不同之处在于动作对象，即后者比前者多了一个动作对象。以"张三哭湿了手绢"和"张三推倒了椅子"为例，前者只有两个参与者角色：动作的发起者"张三"和受影响角色"手绢"，而后者共有三个参与者角色：动作的发起者"张三"、动作对象"椅子$_1$"和受影响角色"椅子$_2$"，动作对象与受影响角色同指，动作对象隐退。因此，如果"哭湿"和"推倒"两类动结式事件结构的主效应显著，就表示学习者在理解过程中需要提取"推倒"类动结式中的动作对象信息。但实验数据显示，事件结构类型的主效应不显著（$F_{(1, 17)} = 2.195$，$p > 0.05$），语义关系和事件结构类型的交互作用不显著（$F_{(1, 17)} = 0.305$，$p > 0.05$），这说明虽然"推倒"类动结式事件结构中有动作对象，但是在被试理解这类动结式时并没有对动作对象进行加工。

第二节　无位置变换动结式事件结构的加工实验

一　实验目的

（1）考察学习者是否能理解无位置变换的汉语动结式中的致使关系；（2）考察学习者理解无位置变换的汉语动结式时对参与者角色的加工情况，以及致使关系和参与者角色之间的相互影响。

二　实验任务

本实验使用启动条件下的句子判断（语义合理性判断）任务。该任务的主要逻辑基础是语义启动效应，即如果启动词跟目标句在语义上相关，那么被试判断目标句的反应时应该会受到启动词的影响。

三　被试

参与本研究的被试一共 18 个英语母语者，在大学正式学习汉语时间都在三年以上，平均学习汉语时间为六年，根据参加实验时所使用的教材，被试的汉语水平都为高级。被试年龄都在 18 岁到 30 岁，平均年龄为 25 岁。

四　实验设计

实验采用 2×2 两因素被试内设计。

1. 自变量：a. 启动词与目标句之间的语义关系，分一致和不一致两个水平，为被试内变量。由于目标句含有致使义，"一致"条件时目标句由"因为……所以……"启动，"不一致"条件时由非致使义关联词启动；b. 汉语动结式的两种事件结构类型"忙忘"类和"听懂"类，为被试内变量，二者之间的区别在于"忙忘"类事件结构中没有动作对象，而"听懂"类有。

2. 因变量：被试在不同启动条件下对目标句语义合理性判断的反应

时和正确率。

3. 控制变量：被试年龄、实验材料的句长、词汇难度（除个别字以外都是《大纲》中的乙级以内词汇）。

五　实验材料

我们选取句法结构相同（S + VR + O$_{VR}$），从事件结构到句法结构的映射过程相同，且都没有位置变换的两类汉语动结式（"忙忘"和"听懂"类）组成的句子作为目标材料，这两类汉语动结式的事件结构都不同，如表5—5所示。

表5—5　　　　　　　"忙忘"和"听懂"类汉语动结式示例

句法结构	映射过程	事件结构
S + VR + O$_{VR}$	发起者映射为主语、述语与补语合并，受影响角色$_2$映射为动结式宾语	[[张三$_1$ ACT$_{<忙>}$] CAUSE [BECOME [（张三$_2$）<忘>吃饭]]]
		[[张三$_1$ ACT$_{<听>}$（日语$_1$）] CAUSE [BECOME [（张三$_2$）<懂>日语$_2$]]]

实验材料的生成方式如下：先从语法专著或语料库中找出两种类型的汉语动结式各10个，共20个，再为每个动结式编制两个句子，一个语义合理，另一个语义不合理，语义合理的句子作为目标材料，语义不合理的为填充材料。为了最大限度地降低其他因素的干扰，造句的时候遵循以下原则：所有句子的主语都用"张三"，句子宾语都是双字词，句中不含定语或状语等修饰性成分，句中词汇都是《大纲》中的乙级以内词汇等。所有句子都通过了25名汉语母语者的评定，这25名汉语母语者均为理工科大学本科生，评定程序采用五度量表，分"很不合理——不合理——一般——合理——很合理"五个水平，评定结果采用计分制，从左到右依次计"1"到"5"分，"3"分以上的句子作为目标材料，填充材料的接受度都在"2"分以下。

目标材料内部的语义关系为致使关系，因此我们用表示致使关系的关联词"因为……所以……"作为实验启动词,用表示其他关系的关联词,如"虽然……但是……,不是……就是……,不但……而且……,与其……不如……"作为控制启动词。所有的实验材料都出现两次,一次由实验启动词启动,另一次由控制启动词启动,为了避免练习效应,同样的句子由实验启动词和控制启动词启动的先后顺序随机呈现。相同的句子不连续出现,含有相同类型动结式的句子不连续三次以上出现,实验材料或填充材料不连续三次以上出现,启动词不连续两次以上出现。具体实验材料如表5—6所示。

表5—6 实验材料举例

启动词与目标句之间的语义关系	事件结构类型	启动词	目标句
一致	"忙忘"类	因为……所以……	张三忙忘了吃饭
	"听懂"类	因为……所以……	张三听懂了日语
不一致	"忙忘"类	与其……不如……	张三忙忘了吃饭
	"听懂"类	不是……就是……	张三听懂了日语

六 实验程序

实验刺激在12英寸的电脑显示器上呈现,呈现刺激及收集行为数据的软件为E-Prime1.1。

实验开始后,被试首先会看到一个红色的注视点(+),呈现时间为500ms,注视点消失后出现启动词。实验中启动词的呈现时间为400ms,接着启动词消失,为了使被试有足够的时间反应,启动词后有一个150ms的空白屏,接着依次呈现目标句的三个词,每个词的呈现时间为400ms,同样,第一个和第二个目标词后都有一个150ms的空白屏,第三个目标词呈现完以后,有一个2600ms的空白屏。被试的任务是在目标句的最后一个词出现之后2600ms内通过按键判断该目标句的语义是否合理。(反应键是键盘上的F键和J键,为了平衡利手的反应效应,在实验开始之前主试会先询问被试的利手,如果是右手,语义合理按J键,不合理按F

键，如果是左手，语义合理按 F 键，不合理按 J 键。）如果被试在规定时间内没有反应，目标词会自动消失，之后进入下一个流程。具体的流程见图 5—2。

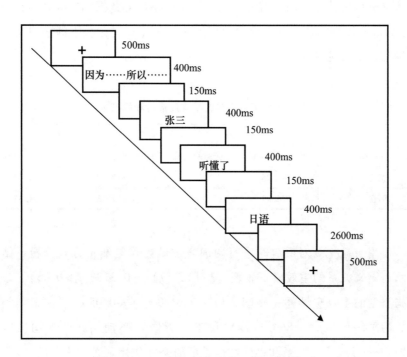

图 5—2　实验程序中每个试次的流程

目标句之所以选择分词呈现的方式，是为了避免整句呈现时被试反复回读造成反应时过长的问题。刺激呈现方式为伪随机呈现，即首先将所有材料随机排序，然后人工调整，确保（1）相同的句子不连续呈现；（2）含有相同类型动结式的句子不连续三次以上呈现；（3）实验材料或填充材料不连续三次以上呈现；（4）启动词不连续两次以上呈现。该实验共包括 80 对材料（启动词 + 目标句），分为两部分，中间有一次休息。

在正式实验之前，被试要完成一个包括八对材料的练习，练习的程序同正式实验，一半为目标材料，一半为填充材料。练习中有反馈，以帮助被试熟悉反应键。确保被试明白实验要求且熟悉了反应键之后才开始正式实验。

七　实验结果

因变量为被试在不同条件下对目标句判断的反应时和正确率。对反应时数据进行统计分析前，首先删除被试反应错误的数据和反应时间在均值 3 个标准差以外的值，共保留总数据的 82.8%，四种条件下的平均反应时和标准差结果见表 5—7。

表 5—7　　　　　　　　　四种条件下目标句的平均反应时和标准差

语义关系 事件结构类型	一致		不一致	
	反应时（RT）	标准差（SD）	反应时（RT）	标准差（SD）
"忙忘"类	892.24	271.36	837.33	274.63
"听懂"类	674.93	262.25	767.53	334.33

使用 spss17.0 对反应时进行两因素被试内重复测量方差分析，结果显示，语义关系的主效应不显著（$F_{(1, 17)} = 0.318$，$p > 0.05$），事件结构类型的主效应显著（$F_{(1, 17)} = 21.00$，$p < 0.05$），"忙忘"类动结式的平均反应时（864.79ms）长于"听懂"类动结式的平均反应时（721.23ms）。语义关系和事件结构类型的交互作用显著（$F_{(1, 17)} = 5.07$，$p < 0.05$）。简单效应分析结果显示，在启动类型一致的条件下，"听懂"类的反应时显著快于"忙忘"类的反应时（$F_{(1, 17)} = 40.83$，$p < 0.05$）；在启动类型不一致的条件下，"听懂"类和"忙忘"类两个反应时没有显著差异（$F_{(1, 17)} = 1.65$，$p > 0.05$）。

下面是四种条件下的平均正确率，见表 5—8。

表 5—8　　　　　　　　　四种条件下目标句的平均正确率和标准差

语义关系 事件结构类型	一致		不一致	
	正确率（CR）	标准差（SD）	正确率（CR）	标准差（SD）
"忙忘"类	0.76	0.18	0.77	0.18
"听懂"类	0.87	0.12	0.82	0.13

使用 spss17.0 对正确率进行两因素被试内重复测量方差分析，结果显示，语义关系的主效应不显著（$F_{(1, 17)}$ = 0.883，$p > 0.05$），事件结构类型的主效应显著（$F_{(1, 17)}$ = 7.203，$p < 0.05$），"忙忘"类动结式的平均正确率（0.76）低于"听懂"类动结式的平均正确率（0.85）。语义关系和事件结构类型的交互作用不显著（$F < 1$）。

八　分析与讨论

本实验是在四种条件下进行的，这四种条件分别是：（1）"忙忘"类事件结构、语义关系一致；（2）"忙忘"类事件结构、语义关系不一致；（3）"听懂"类事件结构、语义关系一致；（4）"听懂"类事件结构、语义关系不一致。本实验的目的之一是考察学习者是否能理解无位置变换的汉语动结式中的致使关系，在这里无位置变换的汉语动结式指的是"忙忘"和"听懂"两类结构，要考察学习者是否能理解其中的致使关系主要是看语义关系一致和语义关系不一致这两类材料平均反应时数据之间有没有显著差异。语义关系一致指的是用致使关系关联词"因为……所以……"来启动含有"忙忘"和"听懂"这两类动结式的目标句，语义关系不一致指的是用其他关系关联词（如：不但……而且……、不是……就是……、虽然……但是……、与其……不如……）来启动含有"忙忘"和"听懂"这两类动结式的目标句。在其他因素得到控制的条件下，如果最后所得的语义关系一致和不一致两类平均反应时数据之间有显著差异，这就说明致使关系关联词"因为……所以……"对"忙忘"和"听懂"这两类动结式事件结构中的致使关系有启动效应。前面的数据分析结果表明，语义关系的主效应不显著（$F_{(1, 17)}$ = 0.318，$p > 0.05$），这说明，学习者没有理解这两类动结式中的致使关系。

本实验的目的之二是考察学习者理解无位置变换的汉语动结式时对参与者角色的加工情况，及参与者角色与致使关系的相互影响。与有位置变换的汉语动结式一样，"忙忘"和"听懂"两类动结式事件结构的不同之处也在于动作对象，即后者比前者多了一个动作对象。以"张三忙忘了做饭"和"张三听懂了日语"为例,前者有三个参与者角色,动作的发起者"张三$_1$"、受影响角色"张三$_2$"和受影响角色"吃饭",而后者共有四个参与者角色,动作的发起者"张三$_1$"、动作对象"日语$_1$"、受影响角色"张三$_2$"和受影响角色"日语$_2$",受影响角色"张三$_2$"与动作的发起者"张三$_1$"同指,受影响角色"张三$_2$"隐退,动作对象"日语$_1$"与受影响角色"日语$_2$"同指,动作对象"日语$_1$"隐退。因此,如果"忙忘"和"听懂"两类动结式事件结构的加工时间出现差别,意味着学习者需要加工"听懂"类动结式中的动作对象,实验数据显示,事件结构类型的主效应显著(F(1,17)=21.00,$p < 0.05$),语义关系和事件结构类型的交互作用同样显著(F(1,17)=5.07,$p < 0.05$),这说明被试在理解无位置变换的汉语动结式时需要加工"听懂"类动结式中的动作对象,且语义关系一致性与事件结构类型会互相影响。

第六章

汉语动结式的产出实验

学习者习得第二语言包括理解和产出两个层面，研究了高级汉语水平的英语母语者对汉语动结式的理解情况以后，我们将以实验的方式继续考察汉语动结式的产出情况。为保证被试在理解的基础上产出本研究所考察的动结式，我们参考课堂中动结式教学的程序设计了一个"动结式学习教程"，在正式开展实验之前，要求被试自己先学习这些语法项目，大约一周之后我们再按照已经设计好的程序完成实验。与实验一一样，为控制实验材料的相关因素，我们通过两个系列实验分别考察有无位置变换的汉语动结式的产出情况。

第一节　有位置变换汉语动结式的产出实验

一　实验目的

本实验的目的是考察学习者产出有位置变换动结式时对参与者角色的加工情况；另外，如果被试产出这种类型的动结式出现偏误，那么偏误类型及深层原因是什么。

二　实验任务

根据已有的汉语句法习得的研究成果，结合本书的研究目的，本实验将采用看视频说话任务。选择这种任务，目的是使学习者能在自然的语境下产出相应的句子。之所以采用口头产出的形式，原因一是避免汉字的干扰；原因二是主试可以随时观察被试的反应，适时进行追问。根据事件结构理论，我们考察的动结式都是复杂事件，由活动和达成两个子事件组成，因此实验材料的每个目标句由两段小视频组成，一个展示动作，另一个展示结果，被试的任务是看两段小视频，说出一个动结式目标句，一共有 120 段小视频，60 个目标句。所有视频由主试亲自录制，录制的原则是到位、简洁、少提示，录制完成后我们请了 11 个汉语母语者进行预实验，确保被试能够理解或者稍加提示就能理解视频的内容。

三　被试

参与本研究的被试一共 17 个英语母语者，在大学正式学习汉语时间都在三年以上，平均学习汉语时间为五年，根据参加实验时所使用的教材，被试的汉语水平都为高级。被试年龄都在 18 岁到 30 岁，平均年龄为25 岁。

四　实验设计

实验采用单因素被试内设计。

1. 自变量：自变量为汉语动结式的事件结构类型，包括"哭湿"类和"推倒"类，二者之间的区别在于参与者角色的数量和相互关系，即"推倒"类事件结构比"哭湿"类多了一个参与者角色——动作对象，但动作对象与受影响角色同指，因此表层句法结构相同。

2. 因变量：不同类型动结式的正确率。

3. 控制变量：被试年龄、实验材料的句长、词汇难度（除个别字以外都是《大纲》中的乙级以内词汇）。

五　实验材料

我们选取句法结构相同（S + VR + O_{VR}），从事件结构到句法结构的映射过程相同，且都有位置变换的两类汉语动结式（"哭湿"和"推倒"类）组成的句子作为目标材料，这两类汉语动结式的事件结构不同，见

表6—1。

表6—1 "哭湿"和"推倒"类汉语动结式示例

句法结构	映射过程	事件结构
$S + VR + O_{VR}$	发起者映射为主语，述语与补语合并，受影响角色映射为动结式宾语，有位置变换	$[[张三\ ACT_{<哭>}]\ CAUSE\ [BECOME\ [手绢<湿>]]]$ $[[张三\ ACT_{<推>}\ (椅子_1)]\ CAUSE\ [BECOME\ [椅子_2<倒>]]]$

　　动结式的选取及句子的生成方式如下：先从语法专著或语料库中找出两种类型的汉语动结式各10个，共20个，再用这20个动结式在原有语料的基础上改写成符合本研究的句子材料，一个结构一个句子。改写时主要进行以下加工，如：把非施事主语句换成施事主语句，去掉里面不必要的定语或状语等修饰性成分，把句中词汇换成《大纲》中的乙级以内词汇等。例如，语法专著中的句子为"那帮人看新娘看傻了"（王红旗，1995），本实验中修改为"大卫看美女看傻了"。同样事件结构的动结式不能连续出现两次以上，同样句法结构的动结式不能连续出现三次以上。所有编制的句子都通过了23名汉语母语者的评定，这23名汉语母语者均为理工科大学本科生，评定程序采用五度量表，分"很不合理——不合理——一般——合理——很合理"五个水平，评定结果采用计分制，从左到右依次计"1"到"5"分，"3"分以上的句子才能作为实验材料。

六　实验程序

　　每个被试在规定时间内（约1分钟/题）完成看视频说话任务。实验采用主试和被试一对一的方式进行。在实验过程中，若被试对视频的内容理解有误或是出现生词，主试给予必要的提示。主试对实验的全过程进行录音，实验结束后进行转写。计算分数时，正确产出目标句得"1"分，句法结构出现偏误得"0"分。

七　实验结果

　　被试产出两种类型动结式的正确率和标准差如表6—2所示。

表6—2　　　　　　两种事件结构动结式产出的正确率和标准差

事件结构类型	正确率（CR）	标准差（SD）
"哭湿"类	0.91	0.13
"推倒"类	0.81	0.12

使用 spss17.0 对"哭湿"类和"推倒"类事件结构动结式产出的正确率进行独立样本 t 检验，结果显示，事件结构的主效应不显著（$t = 1.822$，$df = 18$，$p > 0.05$）。

八　分析与讨论

学习者产出汉语动结式的正确率由三个因素决定，一是事件结构，二是事件结构到句法结构的映射，三是句法结构。"哭湿"类和"推倒"类动结式的事件结构到句法结构的映射和句法结构是完全一样的，它们的不同之处就在于事件结构，即"哭湿"类事件结构有两个参与者角色，动作的发起者和受影响角色；"推倒"类事件结构有三个参与者角色，动作的发起者、动作对象和受影响角色，且动作对象与受影响角色同指，动作对象隐退。数据显示，这两类事件结构动结式产出的正确率没有明显差异，这说明参与者角色的数量和相互关系对有位置变换汉语动结式的产出影响不大。具体地说，"推倒"类事件结构比"哭湿"类多了一个动作对象，也就是说，学习者在产出这类汉语动结式时没有对动作对象进行加工。

这两类汉语动结式的偏误类型及原因如下：

（1）动词和补语没有合并，"哭湿"类如："*妈妈哭手绢湿了""*妈妈走脚疼了""*大卫跑了腿疼""*大卫走路鞋子烂""*大卫走鞋子烂了"，"推倒"类如："*大卫推椅子倒""*妈妈叫马丽醒"。

（2）错误地重复了动词，"哭湿"类如："*妈妈哭了哭瞎了眼睛""*大卫坐在盒子上坐烂了"，"推倒"类这样的偏误较多，如："*大卫推椅子推倒了""*王老师用电脑用坏了""*马丽打大卫的手打伤了"

"＊马丽骑自行车骑坏了""＊妈妈叫马丽叫醒了""＊马丽剪头发剪短了""＊大卫踢杯子踢飞了""＊爸爸拍饼干拍碎了"。

在被试产出有偏误的句子之后，我们都对被试进行了即时访谈，根据访谈内容，我们了解到，被试之所以产生以上偏误，与两个原因有关：

（1）母语的负迁移，英语有一种动补结构（Resultatives），为 S + V + O + R，这里的 V 既可以是不及物动词，如"The joggers ran the pavement thin"，也可以是及物动词，如"Willy watered the plants flat"，不及物动词的情况正好跟"哭湿"类动结式相对应，及物动词的情况正好跟"推倒"类动结式相对应，这就造成英语母语者产出这类汉语动结式时套用英语的句法结构，从而出现动词和补语没有合并的偏误。

（2）目标语规则的过度泛化，动词重复句式在中文语法中占有很重要的地位，教师在教学过程中都会强化这个语法，如"大卫打篮球打了两个小时""妈妈洗衣服洗累了"，过度强化造成了被试对这个规则的泛化使用，造成偏误。

但是这种解释只是表面现象，要想抓住问题的实质，还是要从事件结构的角度考虑：第一个偏误类型的根本原因在于学习者没有掌握在从事件结构到句法结构的映射时"动词和补语"要合并这条规则；第二个偏误的根本原因在于学习者没有掌握"动作对象只要与其他参与者角色同指，都隐退"和"受影响角色除了跟发起者同指以外，都凸显"这两条规则，在动作对象与受影响角色同指时，错误地保留了动作对象，并重复了动词。

第二节　无位置变换汉语动结式的产出实验

下面我们选取句法结构为 S + VR + O_{VR}，映射过程中无位置变换的"忙忘"类和"听懂"类动结式进行产出研究。

一　实验目的

本实验的目的是考察学习者产出无位置变换动结式时对参与者角色的

加工情况；另外，如果被试产出这种类型的动结式出现偏误，那么偏误类型及深层原因是什么。

二　实验任务

根据已有的汉语句法习得的研究成果，结合本书的研究目的，本实验将采用看视频说话任务。选择这种任务，目的是使学习者能在自然的语境下产出相应的句子。之所以采用口头产出的形式，原因一是避免汉字的干扰；原因二是主试可以随时观察被试的反应，适时进行追问。根据事件结构理论，我们考察的动结式都是复杂事件，由活动和达成两个子事件组成，因此实验材料的每个目标句由两段小视频组成，一个展示动作，另一个展示结果，被试的任务是看两段小视频，说出一个动结式目标句，一共有 120 段小视频，60 个目标句。所有视频由主试亲自录制，录制的原则是到位、简洁、少提示，录制完成后我们请了 11 个汉语母语者进行预实验，确保被试能够理解或者稍加提示就能理解视频的内容。

三　被试

参与本研究的被试一共 17 个英语母语者，在大学正式学习汉语时间都在三年以上，平均学习汉语时间为五年，根据参加实验时所使用的教材，被试的汉语水平都为高级。被试年龄都在 18 岁到 30 岁，平均年龄为25 岁。

四　实验设计

实验采用单因素被试内设计。

1. 自变量：自变量为汉语动结式的事件结构类型，包括"忙忘"类和"听懂"类，二者之间的区别在于参与者角色的数量和相互关系，即"听懂"类事件结构比"忙忘"类多了一个参与者角色——动作对象，但动作对象与受影响角色同指，因此表层句法结构相同。

2. 因变量：不同类型动结式的正确率。

3. 控制变量：被试年龄、实验材料的句长、词汇难度（除个别字以外都是《大纲》中的乙级以内词汇）。

五 实验材料

我们选取句法结构相同（$S + VR + O_{VR}$），从事件结构到句法结构的映射过程相同，且都没有位置变换的两类汉语动结式（"忙忘"和"听懂"类）组成的句子作为目标材料，这两类汉语动结式的事件结构都不同，见表6—3。

表6—3　　　　　　　　"忙忘"和"听懂"类汉语动结式示例

句法结构	映射过程	事件结构
$S + VR + O_{VR}$	发起者映射为主语、述语与补语合并，受影响角色$_2$映射为动结式宾语	[[张三$_1$ ACC$_{<忙>}$] CAUSE [BECOME [（张三$_2$）＜忘＞吃饭]]]
		[[张三$_1$ ACT＜听＞（日语$_1$）] CAUSE [BECOME [（张三$_2$）＜懂＞日语$_2$]]]

动结式的选取及句子的生成方式如下：先从语法专著或语料库中找出两种类型的汉语动结式各10个，共20个，再用这20个动结式在原有语料的基础上改写成符合本研究的句子材料，一个结构一个句子。改写时主要进行以下加工，如：把非施事主语句换成施事主语句，去掉里面不必要的定语或状语等修饰性成分，把句中词汇换成《大纲》中的乙级以内词汇等。例如：语法专著中的句子为"小王看懂了图纸"（袁毓林，2001），本实验中修改为"马丽看懂了日语"。同样事件结构的动结式不能连续出现两次以上，同样句法结构的动结式不能连续出现三次以上。

所有编制的句子都通过了23名汉语母语者的评定，这23名汉语母语者均为理工科大学本科生，评定程序采用五度量表，分"很不合理——不合理——一般——合理——很合理"五个水平，评定结果采用计分制，从左到右依次计"1"到"5"分，"3"分以上的句子才能作为实验材料。由于我们的目标句是单独呈现的，而且为了降低干扰因素，去掉了句中的修饰性成分，因此造成母语者对有些句子的接受度不高，但是通过上述程序，可以保证每个句子都是符合汉语语法的，而且可以类推，如果放入一定的语境中，接受度会大大提高。

六　实验程序

每个被试在规定时间内（约 1 分钟/题）完成看视频说话任务。实验采用主试和被试一对一的方式进行。在实验过程中，若被试对视频的内容理解有误或是出现生词，主试给予必要的提示。主试对实验的全过程进行录音，实验结束后进行转写。计算分数时，正确产出目标句得"1"分，句法结构出现偏误得"0"分。

七　实验结果

被试产出两种类型动结式的正确率和标准差，如表 6—4 所示。

表 6—4　　　　两种事件结构动结式产出的正确率和标准差

事件结构类型	正确率（CR）	标准差（SD）
"忙忘"类	1.00	0.00
"听懂"类	0.77	0.18

使用 spss17.0 对"忙忘"类和"听懂"类事件结构动结式产出的正确率进行独立样本 t 检验，结果显示，事件结构的主效应显著（$t = 4.089$，$df = 18$，$p < 0.05$）。从两种事件结构类型的平均值来看，"忙忘"类的产出正确率高于"听懂"类。

八　分析与讨论

学习者产出汉语动结式的正确率由三个因素决定，一是事件结构，二是事件结构到句法结构的映射，三是句法结构。"忙忘"类和"听懂"类动结式的事件结构到句法结构的映射和句法结构是完全一样的，它们的不同之处就在于事件结构，即"忙忘"类事件结构有三个参与者角色，动作的发起者和受影响角色₁和受影响角色₂，动作的发起者与受影响角色₁同指，受影响角色₁隐退；"听懂"类事件结构有四个参与者角色，动作的发起者、动作对象、受影响角色₁和受影响角色₂，且动作的发起者与受影响角色₁同指，受影响角色₁隐退，动作对象与受影响角色₂同指，动作对象隐退。数据显示，这两类事件结构动结式产出的正确率存在明显差异，这说明参与者角色的数量和相互关系对无位置变换汉语动结式的产出是有显著影响的。

在所得到的语料中，"忙忘"类动结式的产出没有偏误，"听懂"类动结式的偏误类型主要是错误地重复了动词，如："*他听日语听懂了""*马丽学跳舞学会了""*马丽看写字看会了""*大卫追坏人追丢了""*中国队打美国队打赢了""*马丽住宿舍住烦了①"等。

第三节　有动词重复汉语动结式的产出研究

汉语动结式的句法结构除了 $S + VR + O_{VR}$ 以外，还有一部分是有重复动词的，即"洗累"类、"砍钝"类、"卖赔"类、"教累"类和"问烦"类。除了事件结构以外，这类动结式的句法结构也比较复杂，下面我们对此类动结式的产出情况进行考察。

一　实验目的

本实验的目的是考察学习者对有动词重复汉语动结式的产出情况，主要包括两个方面：一是学习者产出的五类有动词重复的汉语动结式之间是否有显著差异；二是各类动结式的产出偏误类型和原因。

---

① "烦"有形容词和动词两种词性，作为形容词，这句话是可以接受的，但是作为动词，应该是"马丽住烦了宿舍"。在这儿我们取的是动词用法，在测试过程中，主试会告知被试"马丽住宿舍""马丽烦（了）宿舍"，如果被试还产出"马丽住宿舍住烦了"，就算作偏误。其他的"听烦""吃烦""玩烦"也做同样处理。

二　实验任务

根据已有的汉语句法习得的研究成果，结合本书的研究目的，本实验将采用看视频说话任务。选择这种任务，目的是使学习者能在自然的语境下产出相应的句子。之所以采用口头产出的形式，原因一是避免汉字的干扰；原因二是主试可以随时观察被试的反应，适时进行追问。根据事件结构理论，我们考察的动结式都是复杂事件，由活动和达成两个子事件组成，因此实验材料的每个目标句由两段小视频组成，一个展示动作，另一个展示结果，被试的任务是看两段小视频，说出一个动结式目标句，一共有 120 段小视频，60 个目标句。所有视频由主试亲自录制，录制的原则是到位、简洁、少提示，录制完成后我们请了 11 个汉语母语者进行预实验，确保被试能够理解或者稍加提示就能理解视频的内容。

三　被试

参与本研究的被试一共 17 个英语母语者，在大学正式学习汉语时间都在三年以上，平均学习汉语时间为五年，根据参加实验时所使用的教材，被试的汉语水平都为高级。被试年龄都在 18 岁到 30 岁，平均年龄为25 岁。

四　实验材料

我们选取有动词重复的五种汉语动结式"洗累"类、"砍钝"类、"卖赔"类、"教累"类和"问烦"类作为实验材料，这五种动结式的句法结构、映射过程和事件结构见表6—5。

表 6—5　　　　　　　　　有动词重复的汉语动结式示例

句法结构	映射过程	事件结构
S + V + O_V + VR	发起者映射为主语，述语与补语合并，重复述语，动作对象映射为动词宾语	[[张三$_1$ ACT$_{<洗>}$ 衣服] CAUSE [BECOME [（张三$_2$）<累>]]]

续表

句法结构	映射过程	事件结构
S + V + O_V + VR + O_VR	发起者映射为主语，述语与补语合并，受影响角色位置变换映射为动结式宾语，重复述语，动作对象/动作对象2映射为动词宾语	[[张三　ACT$_{<砍>}$ 这些排骨] CAUSE [BECOME [两把刀 <钝>]]] [[张三　ACT$_{<问>}$ （李四$_1$）& 问题] CAUSE [BECOME [李四$_2$ <烦>]]]
	发起者映射为主语，述语与补语合并，受影响角色2映射为动结式宾语，重复述语，动作对象映射为动词宾语	[[张三$_1$ ACT$_{<卖>}$ 电脑] CAUSE [BECOME [（张三$_2$）<赔>一万块钱]]]
S + V + O_V^1 + O_V^2 + VR	发起者映射为主语，述语与补语合并，重复述语，动作对象1映射为动词近宾语、动作对象2映射为动词远宾语	[[张三$_1$ ACT$_{<教>}$ 李四 & 钢琴] CAUSE [BECOME [（张三$_2$）<累>]]]

　　动结式的选取及句子的生成方式如下：先从语法专著或语料库中找出五种类型的汉语动结式各 4 个，共 20 个，再用这 20 个动结式在原有语料的基础上改写成符合本研究的句子材料，一个结构一个句子。改写时主要进行以下加工，如：把非施事主语句换成施事主语句，去掉里面不必要的定语或状语等修饰性成分，把句中词汇换成《大纲》中的乙级以内词汇等。例如：语法专著中的句子为 "这衣服把我洗累了"（袁毓林，2001），本实验中修改为 "妈妈洗衣服洗累了"。同样事件结构的动结式不能连续出现两次以上，同样句法结构的动结式不能连续出现三次以上。

　　所有编制的句子都通过了 23 名汉语母语者的评定，这 23 名汉语母语者均为理工科大学本科生，评定程序采用五度量表，分 "很不合理——不合理——一般——合理——很合理" 五个水平，评定结果采用计分制，从左到右依次计 "1" 到 "5" 分，"3" 分以上的句子才能作为实验材料。

五　实验程序

　　每个被试在规定时间内（约 1 分钟/题）完成看视频说话任务。实验采用主试和被试一对一的方式进行。在实验过程中，若被试对视频的内容理解有误或是出现生词，主试给予必要的提示。主试对实验的全过程进行录音，实验结束后进行转写。计算分数时，正确产出目标句得"1"分，句法结构出现偏误得"0"分。

六　实验结果

被试产出五种类型动结式的正确率和标准差如表6—6所示。

表6—6　　　　　**五种事件结构动结式产出的正确率和标准差**

事件结构类型	正确率（CR）	标准差（SD）
"洗累"类	0.79	0.05
"砍钝"类	0.85	0.14
"卖赔"类	0.85	0.14
"教累"类	0.73	0.24
"问烦"类	0.48	0.29

使用 spss17.0 对这五类动结式进行重复测量方差分析，结果显示，学习者对这五类有重复动词动结式的产出没有明显差异（F（4，12）= 2.553，$p > 0.05$）。

七　分析与讨论

这五类汉语动结式中，"砍钝"类和"问烦"类动结式的句法结构和映射过程是完全一样的，它们的不同之处只在于事件结构中参与者角色的数量和相互关系，因此我们先对这两者进行分析。"问烦"类的事件结构中有两个动作对象，一个是述语动词的指人近宾语，另一个是指物远宾语，其中指人宾语因跟受影响角色同指而隐退，指物宾语凸显；"砍钝"类事件结构中只有一个动作对象，没有跟受影响角色同指而得到凸显。因此，如果这两者的产出正确率之间有显著差异，可以推测学习者在产出"问烦"类动结式时，加工了两个动作对象；如果产出正确率之间没有显著差异，就说明学习者在产出"问烦"类动结式时，只提取了一个动作对象。数据显示，两者之间没有显著差异，说明学习者在产出"问烦"

类动结式时，只有述语动词的指物宾语得到提取，而指人宾语的信息并非必需。

这五种事件结构动结式的偏误类型及原因总结如下：

（1）没有重复动词。这类偏误在五种事件结构动结式的产出语料中都存在，如"洗累"类动结式中的"＊妈妈洗累了衣服""＊大卫看傻了美女""＊大卫想疯了钱"，"砍钝"类动结式中的"＊妈妈打大卫疼了手""＊爸爸写字坏了笔"，"教累"类动结式中的"＊马丽叫惯了他大卫""＊爸爸等急了妈妈出门"，"问烦"类动结式中的"＊玛丽问烦了爸爸问题""＊爸爸教坏了大卫抽烟""＊王老师考怕了学生数学"，以及"卖赔"类动结式中的"＊大卫打赢了篮球"等。出现这类偏误的原因在于没有理解汉语动结式中活动事件和达成事件在句法实现中的结构关系，没有掌握从事件结构到句法结构的映射中"述语动词支配的动作对象必须映射为重复动词宾语，放置在动结式之前"的规则。

（2）动词和补语没有合并。这类偏误主要出现在"砍钝""卖赔""教累"和"问烦"类动结式的产出语料中，如"砍钝"类动结式中的"＊妈妈打大卫疼了手""＊爸爸写字坏了笔"，"卖赔"类动结式中的"＊爸爸卖电脑赔了5000块钱""＊大卫打篮球赢了爸爸"，"教累"类动结式中的"＊马丽叫他大卫惯了"以及"问烦"类动结式中的"＊学生问问题怕了老师"等。出现这类偏误的原因在于学习者母语的负迁移，英语动补结构的基本句式为 S + V + O + R，述语和补语是分开的。

（3）动结式宾语错放在动结式之前重复动词宾语之后。这类偏误主要出现在"砍钝"和"问烦"类动结式的产出语料中，如"砍钝"类动结式中的"＊妈妈打大卫她打疼了"，"问烦"类动结式中的"＊王老师考数学学生考怕了"等。出现这类偏误的原因之一为学习者母语的负迁移，原因之二在于在映射到句法结构时受影响角色与补语没有进行位置变换。

（4）句法结构中动词的近宾语与动结式宾语重复。这类偏误主要出现在"问烦"类动结式的产出语料中，如"＊马丽问爸爸问题问烦了爸爸""＊爸爸教大卫抽烟教坏了大卫""＊王老师考学生数学考怕了学生"

等。出现这类偏误的原因在于学习者没有理解"动作对象只要与其他参与者角色同指，都隐退"这条规则。

　　从以上分析可以看出，"问烦"类的偏误类型最多，也最复杂，跟学习者产出这种类型动结式的正确率最低的结论是相吻合的。

第七章

综合讨论

一 事件结构对学习者理解汉语动结式的影响

汉语动结式的事件结构表达式中包含三种成分：第一种是"基元谓词"，代表了动结式的共有结构特征，即致使关系特征；第二种是"语义常量"，代表了动结式的区别语义特征，即述语和补语的语义；第三种是"参与者角色"，是即动结式事件的参与者，包括动作的发起者、动作对象和受影响角色。参与者角色之间具有同指或异指关系。

事件结构是汉语动结式的深层语义结构，学习者是否能理解动结式取决于是否能理解动结式的事件结构，具体地说，是否能理解事件结构中的"基元谓词"（即致使关系特征）、"语义常量"（即述语和补语语义）和"参与者角色及其关系"。在已知"述语和补语语义"的前提下，"致使关系特征"和"参与者角色及其关系"就成了是否能理解汉语动结式的决定性因素。

学习者理解"参与者角色及其关系"的影响因素及方式如下：1. 参与者角色的数量，事件结构中有三个参与者角色时，学习者理解参与者角色及其关系的难度最小，有两个、四个和五个时难度差别不大；2. 动作对象的数量，动作对象为两个时，学习者理解参与者角色及其关系的难度最大，动作对象为零或一个时难度差别不大；3. 参与者角色的同指数量，同指数量为二时，学习者理解参与者角色及其关系的难度最小，没有同指和同指数量为一时难度差别不大；4. 参与者角色的凸显数量，参与者角色凸显数量为一个和两个时被试理解参与者角色及其关系的难度最小，凸显数量为三个时难度最大。

学习者理解"致使关系"的影响因素及方式如下：1. 参与者角色的数量，参与者角色数量越多，理解致使关系的难度越大；2. 受影响角色的数量，受影响角色为两个时被试理解致使关系的难度比为一个时显著增大；3. 参与者角色的同指数量，参与者角色的同指数量越多被试理解致使关系的难度越大；4. 动作对象是否凸显，动作对象不凸显时比凸显时，理解致使关系的难度更大，凸显一个和两个之间差别不大；5. 受影响角色的凸显数量，受影响角色的凸显数量越多，被试理解致使关系的难度越大。

综上所述，学习者能否理解汉语动结式的影响因素都来自于事件结构到句法结构的映射。事件结构中的名词性成分都是参与者角色，包括动作的发起者、动作的关涉对象以及发生状态或结果改变的实体。其中动作的关涉对象就是动作对象，发生状态或结果改变的实体就是受影响角色。动作对象可能与受影响角色同指，受影响角色可能与动作的发起者同指，参与者角色的数量、动作对象的数量、受影响角色的数量以及参与者角色之间的同指数量都有可能影响学习者对动结式的理解。另外，学习者对动结式的理解也跟句法结构相关，句法结构中句子成分数量就是参与者角色的凸显数量，重复动词宾语数量就是动作对象的凸显数量，动结式宾语数量就是受影响角色的凸显数量，因此，参与者角色的凸显数量、动作对象的凸显数量和受影响角色的凸显数量也是影响学习者理解汉语动结式的因素。

学习者在理解有位置变换汉语动结式时，对事件结构中致使关系进行了加工，且启动词与目标句语义一致时加工时间长于语义不一致时。学习者理解汉语动结式的过程就是从句法结构到事件结构的还原过程，基于前文研究，"哭湿"和"推倒"类动结式都是复杂事件，由活动和达成两个简单事件构成，两个简单事件之间是致使关系。在从句法结构到事件结构的还原过程中受影响角色和补语之间发生了一次位置变换。表示如下：

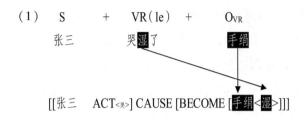

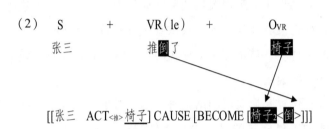

　　在多个因素、多个过程参与的语言加工中，在认知资源有限、不同因素出现竞争的条件下，需要学习者能够有效地分配认知资源，实现对语言的正确理解和使用，那么，学习者如何分配认知资源、关注哪些信息就是值得探讨的问题。麦克维尼（MacWhinney）、贝茨（Bates）（1987）的竞争模型（the Competition Model）认为人类的语言能力是认知能力的一种，它受到两个层面的制约：形式层和功能层，语言产出表现为从功能层到形式层的映射，其中功能层代表语义，形式层代表句法。"线索（cue）指的是在语言产出和理解中用来判定功能和形式之间的关系的任何信息"（高琰，2008），在语言理解过程中，语序、名词的数和格、名词的生命性、主谓一致等都可以作为线索。如果各个线索指向同样的言语功能，即对语言理解有促进作用，我们叫作"线索趋同"（cue convergence）；如果不同线索指向不同的解释，学习者需要根据"线索力度"（cue strength）判断哪种线索起决定性作用，我们叫作"线索竞争"（cue competition）。

　　在用"因为……所以……"作为启动词的条件下，如果该关联词启动了目标句中的致使关系，那么，被试首先是用"因为……所以……"来重新整合目标句的语义。以"哭湿"和"推倒"为例，学习者把动结式理解为"因为张三哭，所以手绢湿（了）"和"因为张三推椅子，所以椅子倒（了）",其中"手绢湿"和"椅子倒"是以"改变状态的参与者在表状态的形容词之前"为线索的,这个线索也符合英语动补结构的语序。但是汉语动结式的语序却正好相反,在这里"改变状态的参与者可以做动结式宾语位于形容词之后"的线索更有力,根据竞争模型理论,学习者需要重新对目标句进行加工。从而导致"因为……所以……"条件下出现干扰效应。而如果用非致使关系的关联词作为启动词,由于这些关联词在语义上跟目标句没有任何关系,被试直接对于目标句进行加工,因此,在语义一致的条件下,被试加工目标句的速度慢于在语义不一致的条件下被试加工目标句的速度。

　　学习者在理解有位置变换汉语动结式时,没有对事件结构中的动作对象进行加工。被试加工目标句的过程也是事件结构的还原过程。以"张三哭湿了手绢"和"张三推倒了椅子"为例,在"张三哭湿了手绢"中,主语"张三"直接还原成事件结构的发起者,动结式"哭湿"还原成述语"哭"和结果状态"湿",分别位于活动事件和达成事件中,动结式宾语"手绢"还原为受影响角色,位于达成事件中。在还原达成事件的过程中存在着一个受影响角色与结果状态的位置变换,即由句法结构中的"湿（了）手绢"还原成事件结构中的"手绢湿（了）",表达式见（3）;在"张三推倒了椅子"中,同样,主语"张三"直接还原成事件结构的发起者,动结式"推倒"还原成述语"推"和结果状态"倒",分别位于活动事件和达成事件中,动结式宾语"椅子"本应还原为两个成分,一是达成事件中的受影响角色,二是活动事件中的动作对象。但是,由于"椅子"在还原为受影响角色时存在一个受影响角色与结果状态的位置变换,即由句法结构中的"倒（了）椅子"还原成事件结构中的"椅子倒（了）"。这个位置变换也是由认知加工中的"竞争模型"决定的,即学习者在理解"倒（了）椅子"时,"改变状态的参与者在表状态的形容词之前"的线索占据了上风,因此还原为"椅子倒（了）"。这与汉语动结式中的线索"改变状态的参与者可以做动结式宾语位于形容词之后"存在竞争关系,从而加大了加工难度。"线索竞争"阻碍了"椅子"还原为动作对象的过程,表达式见（4）。这也符合语言交际中的"经济原则",只要不妨碍对句子的理解①，对句子的加工程序越少越好。但是为什么受影响角色比动作对象优先还原呢？基于上文研究，在动结式的事件结构中受影响角色的重要性要大于动作对象，因为"受影响角色"是能量传递的终点，它的结果状态需要得到认知意义上的强调突出。综上所述，虽然"推倒"类动结式的事件结构中比"哭湿"类多了一个动作对象，但是学习者加工这两类动结式的过程是一样的，因此反应时没有显著差异。

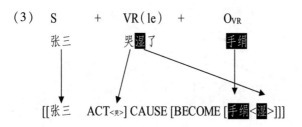

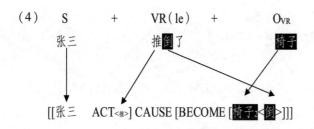

学习者在理解无位置变换汉语动结式时，没有对事件结构中的致使关系进行加工。对致使关系的理解受到是否加工动作对象的影响，动结式的事件结构是一个复杂事件，由活动和达成两个子事件组成，除了动词和补语以外，有位置变换的动结式主语还原为活动事件中的发起者，动结式宾语由于受到线索竞争的阻碍，无法还原为活动事件中的动作对象，而只能还原为达成事件中的受影响角色，这样使得在还原过程中活动事件和达成事件之间没有交叉，因此致使关系理解难度不大，见（3）、（4）；但是无位置变换的动结式主语除了还原为活动事件中的发起者以外，还还原为达

---

① 也就是说，在事件结构中该动作对象与受影响角色有同指关系，下文同。

成事件中的受影响角色，动结式宾语除了还原为达成事件中的受影响角色
以外，还还原为活动事件中的动作对象，也就是说，无位置变换的动结式
在还原的过程中两个子事件存在错综复杂的交叉关系，因此，厘清两者之
间的关系难度相对较大，见（5）、（6）。具体为什么无位置变换的动结式
事件结构中的动作对象可以顺利还原，详见下文分析。

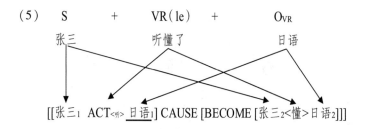

（5）　　S　　　　+　　　VR（le）　　+　　　O_{VR}

　　　　张三　　　　　　听懂了　　　　　　　日语

[[张三$_1$ ACT$_{<听>}$ 日语$_1$] CAUSE [BECOME [张三$_2$<懂>日语$_2$]]]

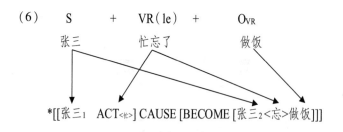

（6）　　S　　　　+　　　VR（le）　　+　　　O_{VR}

　　　　张三　　　　　　忙忘了　　　　　　　做饭

*[[张三$_1$ ACT$_{<忙>}$] CAUSE [BECOME [张三$_2$<忘>做饭]]]

　　学习者在理解无位置变换汉语动结式时，对事件结构中的动作对象进
行了加工，且加工"忙忘"类动结式的速度比"听懂"类动结式慢。下
面我们将运用事件结构理论和认知加工中的竞争模型从两个角度进行解
释。被试加工目标句的过程也是事件结构的还原过程。以"张三忙忘了
做饭"和"张三听懂了日语"为例，在"张三听懂了日语"中，主语
"张三"还原成事件结构的发起者"张三$_1$"和受影响角色"张三$_2$"，动
结式"听懂"还原成述语"听"和结果状态"懂"，分别位于活动事件
和达成事件中，动结式宾语"日语"也还原为两个成分，一是活动事件
中的动作对象"日语$_1$"，二是达成事件中的受影响角色"日语$_2$"。这里
的动结式宾语"日语"在还原为受影响角色"日语$_2$"时不存在位置变
换，即被试加工目标句的线索跟汉语动结式的语序一致，即"线索趋

同", 不仅不会阻碍反而可以促进对语言的理解, 因此学习者可以顺利地继续还原动作对象"日语₁", 见 (7); 在"张三忙忘了做饭"中, 主语"张三"还原成事件结构的发起者"张三₁"和受影响角色"张三₂", 动结式"忙忘"还原成述语"忙"和结果状态"忘", 分别位于活动事件和达成事件中, 动结式宾语"做饭"本应该只还原为达成事件中的第二个受影响角色, 但是由于它在还原为受影响角色时不存在位置变换, "线索趋同"促进了认知加工, 因此继续还原动作对象, 但是这类动结式动词为一价, 不可能带动作对象, 造成还原多余, 见 (8) (用虚线表示)。被试需要对目标句进行重新加工, 因此, 被试加工"忙忘"类动结式目标句的时间反而明显长于被试加工"听懂"类动结式目标句。

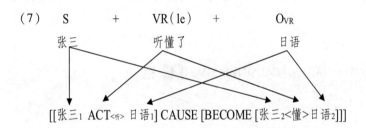

（7）　　S　　　　+　　VR（le）　　+　　O_{VR}

　　　　张三　　　　　听懂了　　　　　　日语

[[张三₁ ACT_{<听>} 日语₁] CAUSE [BECOME [张三₂<懂>日语₂]]]

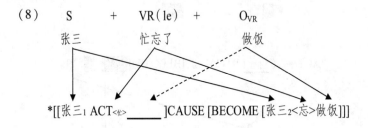

（8）　　S　　　　+　　VR（le）　　+　　O_{VR}

　　　　张三　　　　　忙忘了　　　　　　做饭

*[[张三₁ ACT_{<忙>} ＿＿＿＿]CAUSE [BECOME [张三₂<忘>做饭]]]

二　事件结构对学习者产出汉语动结式的影响

　　学习者在产出有位置变换汉语动结式时, 没有对动结式事件结构中的动作对象进行加工。跟汉语动结式的理解过程相同, 这也可以从事件结构和认知加工中的竞争模型两个角度进行解释。学习者产出汉语动结式的过程就是从事件结构到句法结构的映射过程, 以"妈妈哭湿了手绢"和

"大卫推倒了椅子"为例，当学习者看到这两个场景时，大脑中首先浮现的是它们的事件结构，即"［［妈妈　ACT＜哭＞］CAUSE［BECOME［手绢＜湿＞］］］"和"［［大卫　ACT＜推＞（椅子₁）］CAUSE［BECOME［椅子₂＜倒＞］］］"，然后对事件结构中的参与者角色进行加工，学习者加工补语和受影响角色语序的线索为"改变状态的参与者在表状态的形容词之前"，但是这跟汉语动结式的语序正好相反，在这里汉语动结式"改变状态的参与者可以做动结式宾语位于形容词之后"的线索更有力，根据竞争模型理论，学习者产出汉语动结式目标句时需要把补语与受影响角色进行位置变换。线索竞争增加了学习者产出汉语动结式的难度，同时也阻碍了对动作对象的加工。因此，虽然"推倒"类动结式事件结构中有动作对象，但是学习者产出此类动结式的过程跟"哭湿"类完全相同，如下所示：

（9）[[妈妈　ACT＜哭＞] CAUSE [BECOME [手绢＜湿＞]]]

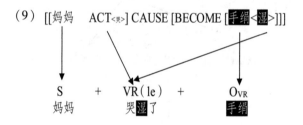

S　　　　　+　　　VR（le）　　+　　　O_VR
妈妈　　　　　　　　哭湿了　　　　　　　　手绢

（10）[[大卫　ACT＜推＞（椅子₁）] CAUSE [BECOME [椅子₂＜倒＞]]]

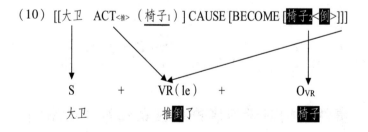

S　　　　　+　　　VR（le）　　+　　　O_VR
大卫　　　　　　　　推倒了　　　　　　　　椅子

　　学习者在产出无位置变换汉语动结式时，对动结式事件结构中的动作对象进行了加工。由于"忙忘"类和"听懂"类动结式在从事件结构到句法结构的映射时没有位置变换，被试加工目标句的线索跟汉语动结式的语序一致，即"线索趋同"，不仅不会阻碍反而可以促进对参与者角色的加工，因此学习者可以顺利地加工动作对象。以"妈妈忙忘了做饭"和"马丽听懂了日语"为例，当学习者看到这两个场景时，大脑中首先浮现的是它们的事件结构，即"[[妈妈$_1$ ACT$_{<忙>}$] CAUSE [BECOME [（妈妈$_2$）<忘>做饭]]]"和"[[马丽$_1$ ACT<听>（日语$_1$）] CAUSE [BECOME [（马丽$_2$）<懂>日语$_2$]]]"，然后对事件结构中的参与者角色进行加工，后者除了跟前者一样加工动作的发起者和受影响角色以外，还必须加工动作对象，即动作对象与受影响角色同指，动作对象隐退，如下所示：

（11）[[妈妈$_1$ ACT$_{<忙>}$] CAUSE [BECOME [（妈妈$_2$）<忘>做饭]]]

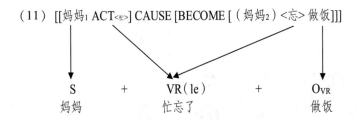

S + VR（le） + O$_{VR}$

妈妈 忙忘了 做饭

（12）[[马丽$_1$ ACT$_{<听>}$（日语$_1$）] CAUSE [BECOME [（马丽$_2$）<懂>日语$_2$]]]

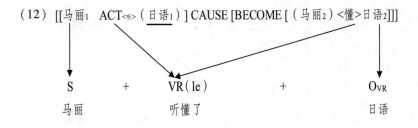

S + VR（le） + O$_{VR}$

马丽 听懂了 日语

虽然"砍钝"类和"卖赔"类动结式事件结构中都有位置变换，但学习者在产出这两类动结式时，对动作对象的加工跟句法结构为 S + VR + O$_{VR}$ 的"哭湿"类和"推倒"类动结式不同。以"砍钝"类动结式中的"妈妈打大卫打疼了手"为例，受影响角色"手"映射为动结式宾语，与补语"疼"之间有一个位置变换，受到竞争模型的影响，增大了学习者产出动结式的难度，但是这里的动作对象"大卫"是凸显的，它为语言交际提供了必要的信息，因此必须进行认知加工，见（13）；而"问烦"类动结式事件结构中有两个动作对象，一个凸显一个省略，以"马丽问问题问烦了爸爸"为例，两个动作对象中"爸爸$_1$"与受影响角

色同指，"问题"凸显，凸显的动作对象"问题"为语言交际提供了必要
的信息，必须进行认知加工，而由于受到线索竞争的影响，学习者没有对
与受影响角色同指的动作对象"爸爸₁"进行加工，见（14）。综上所述，
在产出有位置变换的汉语动结式时，如果动作对象与受影响角色同指，受
到线索竞争的影响，学习者将不对该动作对象进行加工，如果动作对象不
与受影响角色同指，则学习者必须对该动作对象进行加工，因为它为语言
交际提供了必要信息。

（13）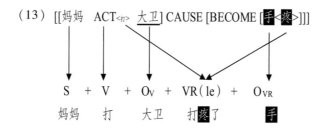

（14）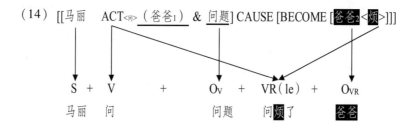

三　学习者理解和产出汉语动结式比较

在理解和产出汉语动结式的过程中，我们都考察了高级汉语水平的英
语母语者对事件结构中参与者角色的加工情况。实验二 A 和 B 是专门针
对"哭湿"类、"推倒"类、"忙忘"类和"听懂"类动结式的理解研
究，其中"哭湿"类和"推倒"类从事件结构到句法结构的映射过程中
有位置变换，而"忙忘"类和"听懂"类无位置变换。这两个实验以映
射过程"有无位置变换"为切入点，重点考察学习者对"致使关系"的
理解和对"动作对象"的加工情况。得到的结论如表 7—1 所示。

表 7—1　　　　　　　　　　**学习者对汉语动结式的理解情况**

	有位置变换动结式	无位置变换动结式
对致使关系的理解	√	×
对动作对象的加工	×	√

　　动结式有无位置变换在"对致使关系的理解"和"对动作对象的加工"两个角度所得的结果正好相反。动结式有位置变换时可以理解致使关系，但不能加工动作对象；动结式无位置变换时不能理解致使关系，但可以加工动作对象。根据研究，在对动结式的理解过程中，动结式的宾语首先还原为受影响角色，如果在还原过程中需要与补语进行位置变换，受到线索竞争的影响，不再继续还原为动作对象，如果没有位置变换，则动结式宾语继续还原为动作对象。因此，有位置变换的动结式不对动作对象进行加工，而无位置变换的动结式可以加工动作对象。

　　实验三 A 和 B 是专门针对"哭湿"类、"推倒"类、"忙忘"类和"听懂"类动结式的产出研究，其中"哭湿"类和"推倒"类从事件结构到句法结构的映射过程中有位置变换，而"忙忘"类和"听懂"类无位置变换。这两个实验以映射过程"有无位置变换"为切入点，重点考察学习者对参与者角色中动作对象的加工情况。得到的结论是：有位置变换的动结式不加工动作对象，无位置变换的动结式加工动作对象。这个结论跟动结式理解过程中对动作对象的加工情况是相吻合的，这进一步证实了我们的论断：位置变换造成认知过程中的线索竞争，增加了加工难度，阻碍了对动作对象的加工。如表 7—2 所示。

表 7—2　　　　　　　　　　**学习者对动作对象的加工情况**

是否加工动作对象	有位置变换动结式	无位置变换动结式
理解	×	√
产出	×	√

关于有动词重复的五类动结式，使用 spss17.0 对理解数据进行重复测量方差分析，结果显示，五类动结式的理解难度差异显著（F（4，60）=7.843，$p < 0.05$），使用 spss17.0 对这五类动结式两两进行配对样本 t 检验，结果显示，"洗累"类动结式与"砍钝"类的理解难度没有显著差异，与"教累"类、"问烦"类和"卖赔"类的差异显著（$t = 4.392$，$df = 15$，$p < 0.05$；$t = 3.571$，$df = 15$，$p < 0.05$；$t = 5.164$，$df = 15$，$p < 0.05$）；"砍钝"类与"教累"类动结式的理解难度没有显著差异，与"问烦"类和"卖赔"类的差异显著（$t = 2.868$，$df = 15$，$p < 0.05$；$t = 5.196$，$df = 15$，$p < 0.05$）；"教累"类、"问烦"类和"卖赔"类动结式的理解难度差异都不显著。综上所述，五类动结式的理解难度可以分为两组：（1）"洗累"类与"砍钝"类；（2）"教累"类、"问烦"类和"卖赔"类，组内没有显著差异，组间差异显著。使用 spss17.0 对五类动结式的产出数据进行重复测量方差分析，结果显示，五类动结式的产出难度没有显著差异（F（4，12）=2.553，$p > 0.05$）。

四　与现有汉语动结式习得研究成果的比较

袁博平（2011）采用实验的方法针对不同水平的英语母语者习得汉语动结式存在的问题进行了研究。袁文根据题元角色特征把汉语动结式分为五类："压断"类、"打哭"类、"哭湿"类、"哭烦"类和"听烦"类，研究的方法是请不同水平的英语母语者完成句法判断任务，中国被试为控制组，结果显示，高级汉语水平的英语母语者除了"压断"类和"听烦"类成绩跟中国人组没有显著差异以外，"打哭"类、"哭湿"类和"听烦"类差异都非常显著（$p < 0.001$）。袁文的解释是"压断"类的题元角色特征符合英语动补结构的两个限制条件，其他四类都不符合，"听烦"类之所以与中国人组没有显著差异，原因是在英语中存在类似的结构。根据事件结构理论，袁文中的"压断"类和"打哭"类都属于我们的"推倒"类，而"哭湿"类和"哭烦"类都属于"哭湿"类，"听烦"类即我们的"听懂"类。袁文的句法判断任务研究的是学习者对汉

语动结式的理解，由于没有涉及致使关系，所以相当于我们实验一中学习者对事件结构中参与者角色及其关系的理解。实验一的结果表明，"推倒"类与"听懂"类理解难度最小，两者之间没有显著差异（$t = -1.576$，$df = 15$，$p > 0.05$），"哭湿"类的难度较大，且与"听懂"类的差异显著（$t = -2.764$，$df = 15$，$p < 0.05$）。这个结果跟袁文的结论是基本吻合的，且"听懂"类（袁文中的"听烦"类）虽然从题元角色层面分析不符合英语动补结构的限制条件，但是却可以从事件结构角度得到解释。学习者对参与者角色及其关系的理解受到"参与者角色的数量""动作对象的数量""参与者角色的同指数量"和"参与者角色的凸显数量"四个因素的共同制约，其中"参与者角色的凸显数量"可以不考虑，因为这几类动结式参与者角色的凸显数量相同，参与者角色有三个时难度最小，"听懂"类动结式为四个，难度稍大，但是从"动作对象的数量"和"参与者角色的同指数量"角度考虑，"听懂"类动结式都是难度最小的。因此，总体来说，理解"听懂"类动结式的参与者角色及其关系难度不大。

朱旻文（2013）以泰尔米的因果事件框架理论为依据，指出汉英动补结构的差异，即汉语动词包含方式，但不包含结果，结果由补语提供，如"剪断"；而英语动词既可以跟汉语一样包含方式，不包含结果，结果由附属语表达，如"blow off"，也可以不包含方式和结果，结果由附属语表达，如"cut off"，还可以方式和结果都包含，如"see"。针对汉英的以上差异，朱文从不同汉语水平的英语和西语母语者习得汉语动结式的影响因素、加工方式以及学习方式对习得效果影响的三个方面进行了习得研究。从高级汉语水平的英语母语者来看，英语动词包含不包含方式和结果对学习者理解汉语动结式没有显著影响，且高级汉语水平的英语母语者在加工汉语动结式句法时是把动词和补语分开为两个加工单位的。我们的研究以事件结构理论为基础把学习者对汉语动结式的理解分为对参与者角色及其关系的理解和对致使关系的理解两个方面，并总结出了影响这两个方面的因素和方式，关于学习者对汉语动结式的加工方式，我们分理解和产出两个层面进行研究，并针对事件结构到句法结构中有无位置变换探讨出了学习者对参与者角色加工的不同方式，即学习者理解和产出有位置变换动结式时都不对动作对象进行加工，而理解和产出无位置变换动结式时都加工了动作对象。这里的动作对象必须与受影响角色同指，不同指时无论有没有位置变换必须加工。"从研究方法看，对比研究、调查研究主要围绕语言对比、偏误分析等开展，以描写为主，实验研究尚属空白"（朱旻文，2013），本文是用实证研究的方法对汉语动结式进行研究的又一个尝试，运用不同的理论从不同的侧面丰富和扩展了朱文的研究。

　　从偏误分析的角度研究英语母语者对汉语动结式习得的文章主要有陆燕萍（2012）。陆文采用测试卷的方法考察学习汉语时间为一年左右的初级汉语水平英语母语者习得汉语动结式的偏误情况，测试卷包括多项选择、填词和翻译三种题型，得出的偏误类型有"遗漏、回避、错序和误代"四种。"回避"是最主要的偏误类型，占所有偏误的52.1%；"错序"指的是动词与否定词位置颠倒，如"＊这本书太复杂了，很多人都看没明白"；"遗漏"分遗漏补语成分和遗漏动词两种，如"＊昨天我看她去商店买东西"，"＊他完所有工作然后回家了"；"误代"的类型主要是补语误代，其次是误代为状中结构，如"＊他摸了摸自己的脸有点热，知道今天又多喝了酒"。偏误出现的原因归纳如下：（1）负迁移，如英语中没有"动词＋动词"的动结式，英语母语者习得起来会有一定的困难，另外，"错序"偏误也与母语负迁移有关；（2）回避，无论从结构还是语义上来说，汉语动结式都比英语复杂，导致英语母语者对汉语动结式掌握不够或缺乏信心；（3）过度概括，属于语内干扰，如学习者用"了"代替所有补语，或者用"好、干净"等代替其他的补语形容词；（4）简化规则，即语言规则的不完整使用，当学习者没有正确掌握某个语法结构或规则时，就会出现"误代"等偏误。根据测试题型推断，陆文主要研究的是初级水平的英语母语者产出汉语动结式的偏误及其原因。由于我们的产出实验是在提前学习的基础上进行的，因此学习者都没有使用"回避"策略，另外，我们的被试都是正式学习汉语三年以上的高级汉语水平学习者，因此动词或补语"遗漏"现象、否定形式的"错序"和补语的"误代"等简单偏误都没有出现，我们的产出偏误主要概括如下：（1）动词和补语没有合并；（2）没有重复动词；（3）错误地重复了动词；（4）重复动词的宾语与动结式宾语位置的错放等。除了产出以外，我们还从高级汉语水平英语母语者对汉语动结式理解的角度进行了考察，理解的偏误类型主要总结如下：（1）参与者角色残缺；（2）参与者角色类型错认；（3）把致使关系错认为状中关系、并列关系、顺承关系和无关系等。根据我们的研究，学习者理解和产出汉语动结式的偏误原因主要有：（1）母语的负迁移；（2）目标语规则的过度泛化等，这跟陆文的总结基本相同。

如果从英汉对比的角度来解释母语的负迁移，赵长才（2000）认为，作为一个结构式，"VCO"中"VC"的功能相当于一个及物动词，但是根据我们的研究，这里的"VC"（也就是本书中的"VR"）相当于既可以做及物动词又可以做不及物动词的"非宾格动词/作格动词（unaccusative verb/ergative verb）"。当宾语前置做主语时，这类动词就成了不及物动词，如："张三打碎了镜子（S＋V＋O），镜子打碎了（S＋V）"（王文斌等，2009），还是以"妹妹哭（了很长时间）导致手绢都（擦）湿了"为例，可以生成的句法结构有两种，一种是"妹妹哭湿了手绢"，另一种是"手绢哭湿了"。在英语中表示动补关系的手段有两种：一是作格动词，如："George shattered the mirror（S＋V＋O），The mirror shattered（S＋V）"（王文斌等，2009），跟汉语动结式一样，可以归纳为两个句型：S＋V＋O和S＋V；二是动补结构（English resultatives），这类动补结构的句型为：S＋V＋O＋R，如：The joggers ran the pavement thin，Willy watered the plants flat。我们认为，汉语动结式从句法和语义上都是跟英语作格动词相对应的，而英语母语者在理解或产出汉语动结式时错把汉语动结式与英语中的动补结构相联系是导致母语负迁移的根本原因。

第八章

余　论

一　本研究的难点和存在的不足

本研究是在事件结构分析的基础上对汉语动结式进行的实证研究，因此研究的难点和存在的不足主要集中在实验部分，列举如下：

（1）实验设计没有可参考的实验范式。实验一的目的是考察高级汉语水平的英语母语者对 11 类汉语动结式的整体理解情况，其中包括对事件结构中的参与者角色及其关系和致使关系的理解。我们设计的实验任务是汉译英的翻译任务，用这个任务判断学习者对参与者角色及其关系的理解情况比较容易，但是从英文翻译中辨认出致使关系却很困难。如："他踢球踢丢了一只鞋"可以翻译成"He lost a shoe from playing soccer"，也可以翻译成"He lost a shoe while playing soccer"，当被试的翻译是后者时就不容易辨认。我们的办法是在翻译的基础上请被试勾选出句中的语义关系，把翻译中隐藏的致使关系外显化。实验二是反应时实验，实验目的是考察高级汉语水平的英语母语者对致使关系的理解和参与者角色的加工情况，我们设计了语义合理性判断任务，这个任务没有可参考的实验范式。从实验材料的呈现方式到呈现时间都需要进行反复试做、反复修改才能最终确定。实验三的看视频说话任务也是在没有任何可参照的实验范式情况下进行的，从视频的录制到正式实验的开展，从语料的转写到数据的分析都需要一步一步地探索。

（2）实验被试样本略有不足。由于客观条件的限制，找到足够数量的合格被试一直是从事二语习得研究的难点，尤其是我们的被试必须满足"英语母语"和"高级汉语水平"两个条件。我们的研究包括六个小实验、三个理解实验、三个产出实验，其中三个产出实验可以找同一组被试，理想的情况是每个实验找到 20 个高级汉语水平的英语母语者，这样我们总共需要 80 个被试，而我们只能保证所有的实验被试都在 15 个以上接近 20 个。

二　今后需要进一步研究的问题

（1）本书的研究对象是由单音节述语和补语两部分构成的双音节短语型动结式，这类动结式一般都可以拆分成两个表示内在致使关系的小句。动结式分布的句法结构我们只关注施事主语句的基础句式（SVO）和重动句。像"一场大旱干死了刚透青的麦苗"中"干死"类表示外在致使关系的动结式，以及动结式在非施事主语句、"把"字句和"被"字句中的分布情况将是我们今后研究的问题。

（2）本书考察的是事件结构对高级汉语水平的英语母语者理解和产出汉语动结式的影响，讨论不同国别的高级汉语水平的学习者对汉语动结式事件结构的理解和产出情况，从而分析事件结构对汉语句法习得影响的共性与个性也将是今后有待继续进行的研究。

附录 1

第四章实验材料

（一）测试卷

欢迎您参加我的实验!

Welcome!

请填写您的基本信息 Please fill out your basic information below：

姓名（name）：_____　　性别（gender）：_____

年龄（age）：_____　　母语（mother tongue）：_____

学习汉语时间（the length of Chinese learning）：_____

这是一项翻译任务，请把您听到的句子准确地翻译成英语并写下来，然后请选出句子中含有的语义关系（并列、因果、顺承、假设、条件或者无），每道题的答题时间为 40 秒。在正式开始之前，请看下面的例句。

This is a translation task. Please translate each Chinese sentence into English accurately according to what you hear, and write it down. Then, choose the correct semantic relation（parallel structure, cause-effect, sequential < before-after, as soon as >, hypothetical < if >, conditional < as long as, only if, no matter whether > or none）in each sentence. You will have 40 seconds for each sentence. Before we start the test, please see examples below：

例句（Examples）：

（1）站住别动。

Stand here！ Don't move！

（1. Parallel structure 2. Cause-effect 3. Sequential 4. Hypothetical 5. Conditional 6. None）

（2）她唱歌唱哑了嗓子。

She sang（so many） songs that her throat became hoarse.

（1. Parallel structure 2. Cause-effect 3. Sequential 4. Hypothetical 5. Conditional 6. None）

（3）我看会了写那个字。

I saw the process of writing that Chinese character, so I learned how to write it.

（1. Parallel structure 2. Cause-effect 3. Sequential 4. Hypothetical 5. Conditional 6. None）

（4）我刷了牙，洗了脸，去学校了。

I brushed my teethes, washed my face, and went to school.

（1. Parallel structure 2. Cause-effect 3. Sequential 4. Hypothetical 5. Conditional 6. None）

（5）我有时间就来。

If I have time, I will come.

（1. Parallel structure 2. Cause-effect 3. Sequential 4. Hypothetical 5. Conditional 6. None）

（6）来中国才能学好中文。

You can learn Chinese well only when you come to China.

（1. Parallel structure 2. Cause-effect 3. Sequential 4. Hypothetical 5. Conditional）

6. None）

（7）你的房间脏死了。

Your room is so dirty.

（1. Parallel structure 2. Cause-effect 3. Sequential 4. Hypothetical 5. Conditional 6. None）

现在我们正式开始答题，每道题的答题时间为 40 秒。如果您提前做完一道题，按任意键可继续。Now we start the test, you will have 40 seconds for each sentence. If you finish one topic in advance, press any key to continue.

1. ＿＿＿＿＿＿＿＿＿＿＿＿＿＿＿＿＿＿＿＿＿＿＿＿＿. ①

（1. Parallel structure 2. Cause-effect 3. Sequential 4. Hypothetical 5. Conditional 6. None）

（二）答案

1. 妹妹哭累了。②

2. 哥哥推倒了椅子。

3. 妹妹来晚了。（无）

4. 妈妈洗衣服洗累了。

5. 妹妹跳舞跳伤了脚。

6. 妹妹学会了跳舞。

7. 你有时间就来。（假设）

8. 爸爸教会了儿子开车。

9. 下雪不上课了。（致使）

10. 站得高才能看得远。（条件）

----

① 共有 66 题，其他题目与第 1 题格式相同。

② 句子后面没有注明语义关系的都是目标材料，为致使关系。

11. 爸爸卖电脑卖赔了五千块钱。

12. 奶奶站累了。

13. 他踢足球踢丢了一只鞋。

14. 只有努力才会成功。（条件）

15. 学生问问题问怕了新来的老师。

16. 弟弟玩丢了书包。

17. 王老师教学生数学教累了。

18. 妹妹又聪明又漂亮。（并列）

19. 姐姐笑疼了肚子。

20. 弟弟看美女看傻了。

21. 一直走别回头。（并列）

22. 我叫他小王叫惯了。

23. 爸爸打电话打坏了两个手机。

24. 哥哥一出国就把我忘了。（顺承）

25. 爸爸请朋友吃饭请穷了。

26. 爸爸气坏了。（无）

27. 妈妈教会了我做饭。

28. 妹妹哭湿了手绢。

29. 韩国队打篮球打赢了中国队。

30. 明天天气好我就去。（假设）

31. 我听懂了你的话。

32. 小王喝酒喝死了。

33. 这本书哥哥看了又看。（并列）

34. 爸爸写文章写坏了两支笔。

35. 我看完了比赛。（无）

36. 哥哥教抽烟教坏了弟弟。

37. 妹妹哭红了眼睛。

38. 弟弟去找爸爸了。（顺承）

39. 爸爸忙忘了吃饭。

40. 妹妹急哭了。

41. 那件衣服我买贵了。（无）

42. 中国队打赢了美国队。

43. 王老师考数学考怕了学生。

44. 下雨我去不了了。（致使）

45. 让你妹妹来吧。（无）

46. 他想钱想疯了。

47. 弟弟玩忘了时间。

48. 我打开看了一下。（顺承）

49. 我太忙不能去看电影了。（致使）

50. 爷爷累病了。

51. 弟弟骑坏了自行车。

52. 哥哥走进了教室。（顺承）

53. 小孩儿问问题问烦了爸爸。

54. 弟弟打篮球打丢了书包。

55. 妈妈教会了妹妹洗衣服。

56. 小孩儿一饿就哭。（顺承）

57. 姐姐看懂了日语。

58. 老师教会了学生说中文。

59. 姐姐用坏了电脑。

60. 我长大以后想当老师。（假设）

61. 弟弟打伤了妹妹。

62. 妈妈打弟弟打疼了手。

63. 弟弟跑烂了鞋子。

64. 你有没有钱我都喜欢。（条件）

65. 弟弟跑丢了一只鞋。

66. 爸爸等妈妈出门等急了。

附录 2

第五章实验材料

（一） 第一节实验材料

1. 右利手被试的指导语

Instruction

During the experiment a red sign （ + ） will appear on this computer screen, reminding you to focus your attention on the center of the screen. When the experiment begins, a connecting word will appear, and then a sentence, divided into three words, will appear on the screen. These three words will appear one by one. Now you will need to determine whether or not the sentence is reasonable /logical. If the sentence is reasonable/logical, press the J key, if it isn't, press the F key. Please pay attention to the connecting word too, because it will have an impact on your decision. Keep focused, and be sure you answer correctly and quickly.

2. 左利手被试的指导语

Instruction

During the experiment a red sign （ + ） will appear on this computer screen, reminding you to focus your attention on the center of the screen. When the experiment begins, a connecting word will appear, and then a sentence, divided into three words, will appear on the screen. These three words will appear one by one. Now you will need to determine whether or not the sentence is reasonable /logical. If the sentence is reasonable/logical, press the F key, if it isn't, press the J key. Please pay attention to the connecting word too, because it will have an impact on your decision. Keep focused, and be sure you answer correctly and quickly.

3. 实验材料

表 1　　　　　　有位置变换的动结式在不同启动条件下的实验材料

	"哭湿" 类		"推倒" 类	
	启动词	目标句	启动词	目标句
一致	因为…所以…	张三哭湿了手绢	因为…所以…	张三叫醒了孩子
	因为…所以…	*张三哭湿了节日	因为…所以…	*张三叫醒了学校
	因为…所以…	张三走疼了双脚	因为…所以…	张三唱红了歌儿
	因为…所以…	*张三走疼了汉字	因为…所以…	*张三唱红了苹果
	因为…所以…	张三笑疼了肚子	因为…所以…	张三骑坏了车子
	因为…所以…	*张三笑疼了桌子	因为…所以…	*张三骑坏了杯子
	因为…所以…	张三哭肿了眼睛	因为…所以…	张三用坏了电脑
	因为…所以…	*张三哭肿了衣服	因为…所以…	*张三用坏了英文
	因为…所以…	张三坐烂了盒子	因为…所以…	张三打伤了妹妹
	因为…所以…	*张三坐烂了历史	因为…所以…	*张三打伤了公平
	因为…所以…	张三哭瞎了眼睛	因为…所以…	张三踢飞了书包
	因为…所以…	*张三哭瞎了河水	因为…所以…	*张三踢飞了水平
	因为…所以…	张三走烂了鞋子	因为…所以…	张三摔破了鸡蛋
	因为…所以…	*张三走烂了世界	因为…所以…	*张三摔破了米饭
	因为…所以…	张三走肿了双脚	因为…所以…	张三点亮了小灯
	因为…所以…	*张三走肿了生词	因为…所以…	*张三点亮了啤酒
	因为…所以…	张三跑疼了双腿	因为…所以…	张三拍碎了饼干
	因为…所以…	*张三跑疼了经济	因为…所以…	*张三拍碎了安全
	因为…所以…	张三哭红了眼睛	因为…所以…	张三推倒了椅子
	因为…所以…	*张三哭红了汽车	因为…所以…	*张三推倒了音乐

续表

	"哭湿"类		"推倒"类	
	启动词	目标句	启动词	目标句
不一致	虽然…但是…	张三哭湿了手绢	虽然…但是…	张三叫醒了孩子
	不但…而且…	*张三哭湿了节日	与其…不如…	*张三叫醒了学校
	虽然…但是…	张三走疼了双脚	与其…不如…	张三唱红了歌儿
	不但…而且…	*张三走疼了汉字	不是…就是…	*张三唱红了苹果
	与其…不如…	张三笑疼了肚子	不是…就是…	张三骑坏了车子
	不是…就是…	*张三笑疼了桌子	虽然…但是…	*张三骑坏了杯子
	不是…就是…	张三哭肿了眼睛	与其…不如…	张三用坏了电脑
	不但…而且…	*张三哭肿了衣服	不是…就是…	*张三用坏了英文
	虽然…但是…	张三坐烂了盒子	不但…而且…	张三打伤了妹妹
	与其…不如…	*张三坐烂了历史	与其…不如…	*张三打伤了公平
	不是…就是…	张三哭瞎了眼睛	虽然…但是…	张三踢飞了书包
	不但…而且…	*张三哭瞎了河水	不但…而且…	*张三踢飞了水平
	不是…就是…	张三走烂了鞋子	与其…不如…	张三摔破了鸡蛋
	虽然…但是…	*张三走烂了世界	不但…而且…	*张三摔破了米饭
	不但…而且…	张三走肿了双脚	虽然…但是…	张三点亮了小灯
	与其…不如…	*张三走肿了生词	不但…而且…	*张三点亮了啤酒
	虽然…但是…	张三跑疼了双腿	不是…就是…	张三拍碎了饼干
	与其…不如…	*张三跑疼了经济	不但…而且…	*张三拍碎了安全
	不是…就是…	张三哭红了眼睛	不是…就是…	张三推倒了椅子
	虽然…但是…	*张三哭红了汽车	与其…不如…	*张三推倒了音乐

（二）第二节实验材料

1. 右利手被试的指导语

Instruction

During the experiment a red sign（+）will appear on this computer screen, reminding you to focus your attention on the center of the screen. When the experiment begins, a connecting word will appear, and then a sentence, divided into three words, will appear on the screen. These three words will appear one by one. Now you will need to determine whether or not the sentence is reasonable /logical. If the sentence is reasonable/logical, press the J key, if it isn't, press the F key. Please pay attention to the connecting word too, because it will have an impact on your decision. Keep focused, and be sure you answer correctly and quickly.

2. 左利手被试的指导语

Instruction

During the experiment a red sign (+) will appear on this computer screen, reminding you to focus your attention on the center of the screen. When the experiment begins, a connecting word will appear, and then a sentence, divided into three words, will appear on the screen. These three words will appear one by one. Now you will need to determine whether or not the sentence is reasonable /logical. If the sentence is reasonable/logical, press the F key, if it isn't, press the J key. Please pay attention to the connecting word too, because it will have an impact on your decision. Keep focused, and be sure you answer correctly and quickly.

3. 实验材料

表2　　　　无位置变换的动结式在不同启动条件下的实验材料

	"忙忘"类		"听懂"类	
	启动词	目标句	启动词	目标句
一致	因为…所以…	张三玩忘了时间	因为…所以…	张三听烦了音乐
	因为…所以…	*张三玩忘了机场	因为…所以…	*张三听烦了城市
	因为…所以…	张三忙忘了吃饭	因为…所以…	张三打赢了比赛
	因为…所以…	*张三忙忘了水平	因为…所以…	*张三打赢了生词
	因为…所以…	张三玩忘了上课	因为…所以…	张三听懂了日语

续表

	"忙忘"类		"听懂"类	
	启动词	目标句	启动词	目标句
一致	因为…所以…	*张三玩忘了方面	因为…所以…	*张三听懂了照片
	因为…所以…	张三跑丢了鞋子	因为…所以…	张三吃烦了米饭
	因为…所以…	*张三跑丢了附近	因为…所以…	*张三吃烦了成绩
	因为…所以…	张三玩丢了手机	因为…所以…	张三住烦了宿舍
	因为…所以…	*张三玩丢了大雨	因为…所以…	*张三住烦了篮球
	因为…所以…	张三跑丢了帽子	因为…所以…	张三学会了跳舞
	因为…所以…	*张三跑丢了空气	因为…所以…	*张三学会了发烧
	因为…所以…	张三玩丢了书包	因为…所以…	张三看会了写字
	因为…所以…	*张三玩丢了大雪	因为…所以…	*张三看会了下雨
	因为…所以…	张三玩忘了作业	因为…所以…	张三追丢了坏人
	因为…所以…	*张三玩忘了告诉	因为…所以…	*张三追丢了汉字
	因为…所以…	张三跑丢了眼镜	因为…所以…	张三看懂了日语
	因为…所以…	*张三跑丢了肚子	因为…所以…	*张三看懂了大雪
	因为…所以…	张三忙忘了做饭	因为…所以…	张三干烦了工作
	因为…所以…	*张三忙忘了条件	因为…所以…	*张三干烦了车站
不一致	虽然…但是…	张三玩忘了时间	虽然…但是…	张三听烦了音乐
	不但…而且…	*张三玩忘了机场	与其…不如…	*张三听烦了城市
	虽然…但是…	张三忙忘了吃饭	与其…不如…	张三打赢了比赛
	不但…而且…	*张三忙忘了水平	不是…就是…	*张三打赢了生词
	与其…不如…	张三玩忘了上课	不是…就是…	张三听懂了日语
	不是…就是…	*张三玩忘了方面	虽然…但是…	*张三听懂了照片
	不是…就是…	张三跑丢了鞋子	与其…不如…	张三吃烦了米饭
	不但…而且…	*张三跑丢了附近	不是…就是…	*张三吃烦了成绩
	虽然…但是…	张三玩丢了手机	不但…而且…	张三住烦了宿舍
	与其…不如…	*张三玩丢了大雨	与其…不如…	*张三住烦了篮球
	不是…就是…	张三跑丢了帽子	虽然…但是…	张三学会了跳舞
	不但…而且…	*张三跑丢了空气	不但…而且…	*张三学会了发烧
	不是…就是…	张三玩丢了书包	与其…不如…	张三看会了写字

续表

	"忙忘"类		"听懂"类	
	启动词	目标句	启动词	目标句
不一致	虽然…但是…	*张三玩丢了大雪	不但…而且…	*张三看会了下雨
	不但…而且…	张三玩忘了作业	虽然…但是…	张三追丢了坏人
	与其…不如…	*张三玩忘了告诉	不但…而且…	*张三追丢了汉字
	虽然…但是…	张三跑丢了眼镜	不是…就是…	张三看懂了日语
	与其…不如…	*张三跑丢了肚子	不但…而且…	*张三看懂了大雪
	不是…就是…	张三忙忘了做饭	不是…就是…	张三干烦了工作
	虽然…但是…	*张三忙忘了条件	与其…不如…	*张三干烦了车站

附录 3

第六章实验材料

（一）动结式的学习教程[①]（Chinese Resultative Complements）

Resultative complements are an important part of Chinese grammar. Generally speaking, as long as an action produces a certain result, a resultative complement must be used. For example, "opening the door" 开门 means having the door open, therefore, we say 开开门。

Depending on their meanings, resultative complements fall into the following categories：

A. Resultative complements elucidating the verb：

1）我搬完家就去购物中心买日用品。（我搬家＋搬完）

I'll go get some household necessities at the shopping center as soon as I finish moving.

2）下学期的课你选好了吗？（你选课＋选好）

Have you finished selecting classes for next semester?

The structure of a sentence containing this category of resultative comple-

---

① 讲解部分参照《中文听说读写》（姚道中、刘月华等，2009）。

ment is:

$$S + V + VR \ (+ O_{VR})$$

("S" indicates "Subject", "V" indicates "Verb", "VR" indicates "Verb + Resultative complement", "O_{VR}" indicates the "Object" of VR.)

I believe you've learned this category of resultative complement, so this is not our target; I'll introduce another two categories that you may not feel so familiar with. Please learn categories B and C carefully, all the structures below will be in our test paper.

B. Resultative complements indicating a new state or a change on the part of the agent of the action of the subject. In other words, by performing a certain action, the person brings upon himself or herself the result indicating by the complement:

There are three structures containing this category of resultative complement:

1. $S + VR \ (+ O_{VR})$

1）我坐累了。（我坐 + 我累了）

　　I sat for so long that I felt tired.

2）小孩儿玩忘了时间。（小孩儿玩儿 + 小孩儿忘了时间）

　　The kid played for so long that he forgot the time.

3）我看懂了那本英文小说。（我看那本英文小说 + 我懂了那本英文小说）

　　I understood that English novel.

2. $S + \underline{V + O_V} + VR \ (+ O_{VR})$

("O_V" is different from "O_{VR}", because "O_V" is the object of "V", otherwise " O_{VR} " is the object of " VR " . " V + O_V " here indicates the causer of the event or the reason why a new state or a change took place on the part of the subject.)

4）张教授写文章写累了。（张教授写<u>文章</u> + 张教授累了）

Professor Zhang was tired from writing articles.

5）美国队踢足球踢赢了中国队。（美国队<u>踢足球</u> + 美国队赢了中国队）

American team played football（with Chinese team）, as a result, American team won.

3. S + <u>V + O</u> $_{V1}$ <u>+ O</u> $_{V2}$ + VR

（In this structure, the verb has two objects, " V + O_{V1} + O_{V2} " together indicates the causer of the event or the reason why a new state or a change took place on the part of the subject.)

6）张教授教学生英文教累了。（张教授<u>教 学生 英文</u> + 张教授累了）

Professor Zhang was tired from teaching students English.

C. Resultative complements indicating a new state or change on the part of the recipient of the action or the object; In other words, the complement indicates the action's result on the object.

There are three structures containing this category of resultative complement:

1. S + VR （ + O_{VR} ）

7）她哭瞎了眼睛。（她哭 + 眼睛瞎了）

She cried herself blind. （She cried for so long that her eyes could not see anything. ）

8）他骑坏了我的自行车。（他骑我的自行车 + 我的自行车坏了）

He rode my bicycle and broke it.

2. $S + \underline{V + O_V} + VR \ (+ O_{VR})$

（"$V + O_V$" here indicates the causer of the event or the reason why a new state or a change took place on the part of the object.）

9）（我爸爸酒量很大，）他喝酒喝醉了好几个人。（我爸爸喝酒 + 好几个人醉了）

（My dad was a heavy drinker,）he drank so much alcohol with his friends that made quite a few people drunk.

10）张教授教语法教晕了他的学生。（张教授教语法 + 他的学生晕了）

Professor taught grammars so unclear that made his students felt confused.

3. $S + VR + O_{VR1} + O_{VR2}$

（"VR" has two objects; therefore, the change of state has taken place on two entities.）

妈妈教会了我做家务。（妈妈教我做家务 + $\begin{cases} 我会做家务了） \\ 做家务（被我）会了 \end{cases}$

My mom taught me to do the housework; as a result, I was able to do.

（二） 实验三指导语和目标句

1. 指导语

请填写您的基本信息 Please fill out your basic information below：

姓名（name）：_____ 性别（gender）：_____

年龄（age）：_____ 母语（mother tongue）：_____

学习汉语时间（the length of Chinese learning）：_____

您将会看到 120 个视频片段，其中两个视频片段为一组，共 60 组，请您用已经学过的动结式来描述每组视频的意思，注意必须用一个汉语句子描述一组视频。

You will see 120 videos; every two videos are a group, so there are 60 groups altogether. Please describe what happened in each group of videos using a Chinese VR you have learned. Please note that you should only use one sentence for each group of videos.

2. 目标句

1. 妈妈哭湿了手绢。

2. 大卫推倒了椅子。

3. 妈妈洗衣服洗累了。

4. 大卫玩忘了时间。

5. 爸爸等妈妈出门儿等急了。

6. 大卫骑坏了车子。

7. 马丽听懂了日语。

8. 大卫玩忘了上课。

9. 妈妈打大卫打疼了手。

10. 妈妈走疼了脚。

11. 妈妈叫醒了马丽。

12. 大卫想钱想疯了。

13. 马丽哭肿了眼睛。

14. 马丽叫他大卫叫惯了。

15. 妈妈摔破了鸡蛋。

16. 马丽哭红了眼睛。

17. 马丽打伤了大卫。

18. 大卫打篮球打赢了爸爸。

19. 大卫走烂了鞋子。

20. 马丽听烦了妈妈的话。

21. 大卫喝酒喝死了。

22. 大卫玩丢了书包。

23. 爸爸写字写坏了两支笔。

24. 爸爸玩烦了游戏。

25. 王老师考数学考怕了学生。

26. 大卫跑疼了腿。

27. 大卫踢足球踢丢了一只鞋。

28. 马丽学会了跳舞。

29. 大卫玩丢了手机。

30. 马丽问问题问烦了爸爸。

31. 妈妈点亮了蜡烛。

32. 爸爸忙忘了吃饭。

33. 马丽跳舞跳伤了脚。

34. 大卫走肿了脚。

35. 马丽吃烦了饼干。

36. 爸爸教抽烟教坏了大卫。

37. 马丽玩忘了作业。

38. 王老师教学生数学教累了。

39. 大卫踢飞了杯子。

40. 大卫坐烂了盒子。

41. 爸爸打电话打坏了两个手机。

42. 马丽看懂了日语。

43. 大卫跑丢了眼镜。

44. 王老师用坏了电脑。

45. 爸爸请朋友吃饭请穷了。

46. 中国队打赢了美国队。

47. 马丽笑疼了肚子。

48. 大卫打篮球打丢了书包。

49. 大卫跑丢了帽子。

50. 妈妈忙忘了做饭。

51. 大卫追丢了坏人。

52. 学生问问题问怕了新来的老师。

53. 马丽看会了写字。

54. 大卫看美女看傻了。

55. 大卫跑丢了鞋子。

56. 爸爸卖电脑卖赔了五千块钱。

57. 妈妈哭瞎了眼睛。

58. 爸爸拍碎了饼干。

59. 马丽住烦了宿舍。

60. 马丽剪短了头发。

参考文献

著作与教材类

丁声树等：《现代汉语语法讲话》，商务印书馆 1961 年版。

国家汉语水平考试委员会办公室考试中心：《汉语水平词汇与汉字等级大纲》，经济科学出版社 2001 年版。

刘珣、张凯等：《新实用汉语课本》，北京语言大学出版社 2002 年版。

吕叔湘：《中国文法要略》，商务印书馆 1942 年版。

吕叔湘等：《现代汉语八百词》，商务印书馆 1980 年版。

吕叔湘：《中国文法要略》，商务印书馆 1982 年版。

沈阳、郑定欧：《现代汉语配价语法研究》，北京大学出版社 1995 年版。

施春宏：《汉语动结式的句法语义研究》，北京语言大学出版社 2008 年版。

王力：《中国现代语法》，商务印书馆 2011 年版。

吴为善：《认知语言学与汉语研究》，复旦大学出版社 2011 年版。

姚道中、刘月华等：《中文听说读写》，波士顿剑桥出版社（Cheng&Tsui）2009 年版。

殷红伶：《英汉动结式语义结构研究》，东南大学出版社 2011 年版。

[日] 影山太郎：《动词语义学——语言与认知的接点》，中央广播电视大学出版社 2001 年版。

张旺熹：《汉语句法结构隐性量探微》，北京语言大学出版社 2009 年版。

赵元任：《汉语口语语法》，吕叔湘译，商务印书馆 1979 年版。

周质平等：《新的中国》，普林斯顿大学出版社 1998 年版。

学位论文

白燕：《基于对比分析的朝鲜族学生动结式习得研究》，硕士学位论文，
　　延边大学，2007 年。

李连芳：《印尼学生汉语动结式理解与输出情况研究》，硕士学位论文，
　　暨南大学，2011 年。

李晓东：《结果补语语义指向研究》，博士学位论文，首都师范大学，
　　2008 年。

刘振平：《单音形容词作状语和补语的对比研究》，博士学位论文，北京
　　语言大学，2007 年。

罗思明：《英汉动结式的认知功能分析》，博士学位论文，上海外国语大
　　学，2009 年。

孟艳华：《事件建构与现代汉语结果宾语句研究》，博士学位论文，北京
　　语言大学，2009 年。

裴晓燕：《动结式重动句研究》，硕士学位论文，上海师范大学，2007 年。

孙红玲：《现代汉语重动句研究》，博士学位论文，北京语言大学，
　　2005 年。

唐鹏举：《韩国留学生汉语动结式习得过程及其言语加工策略》，硕士学
　　位论文，北京语言大学，2007 年。

汪小雪：《越南留学生使用汉语动结式的偏误分析》，硕士学位论文，福
　　建师范大学，2012 年。

谢敏灵：《英语母语者汉语结果补语结构习得研究》，硕士学位论文，北
　　京大学，2013 年。

张国宪：《现代汉语形容词的选择性研究》，博士学位论文，上海师范大
　　学，1993 年。

赵长才：《汉语述补结构的历时研究》，博士学位论文，中国社会科学院

研究生院，2000 年。

赵琪：《英汉动结构式的论元实现》，博士学位论文，复旦大学，2009 年。

甄玉：《从事件结构理论角度看汉语动补结构》，硕士学位论文，天津大学，2009 年。

朱旻文：《因果事件框架下第二语言学习者汉语动结式习得研究》，博士学位论文，北京语言大学，2013 年。

论　文

程琪龙：《试论语言的基本概念结构》，《外语与外语教学》1995 年第 3 期。

程琪龙：《"概念结构"探索》，《语文研究》1996 年第 1 期。

程琪龙：《Jackendoff 的概念语义学理论》，《外语教学与研究》1997 年第 2 期。

程琪龙：《致使概念语义结构的认知研究》，《现代外语》2001 年第 2 期。

程琪龙：《概念框架及其汉语证据》，《汉语学报》2006 年第 1 期。

程琪龙：《概念框架：一个有新意的小句概念语义模式》，《重庆大学学报》（社会科学版）2007 年第 2 期。

戴浩一、黄河：《时间顺序和汉语的语序》，《国外语言学》1988 年第 1 期。

范晓：《动词的"价"分类》，载马庆株主编《语法研究和探索》（五），语文出版社 1991 年版。

范晓：《动词的配价与句子的生成》，《汉语学习》1996 年第 1 期。

樊友新：《事件结构与语法研究》，《长春师范学院学报》2011 年第 3 期。

高琰：《竞争模型综述》，《考试周刊》2008 年第 32 期。

顾阳：《论元结构理论介绍》，《国外语言学》1994 年第 1 期。

郭锐：《述结式述补结构的配价结构和成分整合》，载沈阳、郑定欧主编《现代汉语配价语法研究》，北京大学出版社 1995 年版。

李临定：《究竟哪个"补"哪个？——"动补"格关系再议》，《汉语学习》1984 年第 2 期。

李小荣：《对述结式带宾语功能的考察》，《汉语学习》1994 年第 5 期。

李雪：《空间移动事件概念框架理论述评》，《外语教学》2012 年第 4 期。

廖秋忠：《现代汉语中动词的支配成分的省略》，《中国语文》1984 年第 4 期。

陆燕萍：《英语母语者汉语动结式习得偏误分析——基于构式语法的偏误分析》，《语言教学与研究》2012 年第 6 期。

罗杏焕：《英汉运动事件词汇化模式的类型学研究》，《外语教学》2008 年第 29 卷第 3 期。

吕文华：《关于述补结构系统的思考——兼谈对外汉语教学的补语系统》，《世界汉语教学》2001 年第 3 期。

马希文：《与动结式动词有关的某些句式》，《中国语文》1987 年第 6 期。

马真、陆俭明：《形容词作结果补语情况考察》（一），《汉语学习》1997 年第 1 期。

马真、陆俭明：《形容词作结果补语情况考察》（二），《汉语学习》1997 年第 4 期。

马真、陆俭明：《形容词作结果补语情况考察》（三），《汉语学习》1997 年第 6 期。

任鹰：《主宾可换位动结式述语结构分析》，《中国语文》2001 年第 4 期。

沈家煊：《现代汉语"动补结构"的类型学考察》，《世界汉语教学》2003 年第 3 期。

施春宏：《动结式论元结构的整合过程及相关问题》，《世界汉语教学》2005 年第 1 期。

石慧敏：《汉语动结式研究综述》，载《对外汉语研究》第七期，商务印书馆 2011 年版。

宋文辉：《再论现代汉语动结式的句法核心》，《现代外语》2004 年第 2 期。

孙英杰：《非受格动词及非作格动词研究》，《晋中学院学报》2005 年第 22 卷第 5 期。

王红旗：《动结式述补结构配价研究》，载沈阳、郑定欧《现代汉语配价语法研究》，北京大学出版社 1995 年版。

王红旗：《动结式述补结构在把字句和重动句中的分布》，《语文研究》2001 年第 1 期。

王文斌等：《英汉作格动词语义、句法及其界面比较》，《外语教学与研究》2009 年第 3 期。

王寅：《动结构式的体验性事件结构分析》，《外语教学与研究》2009 年第 5 期。

袁博平：《英语母语者的汉语结果补语习得研究》，《国际汉语》2011 年第 1 期。

袁毓林：《述结式的结构和意义的不平衡性》，载史有为《从语义信息到类型比较》，北京语言文化大学出版社 2001 年版。

袁毓林：《述结式配价的控制——还原分析》，《中国语文》2001 年第 5 期。

袁毓林：《论元角色的层级关系和语义特征》，《世界汉语教学》2002 年第 3 期。

詹人凤：《动结式短语的表述问题》，《中国语文》1989 年第 2 期。

张志公：《关于新词和新义》，《语文学习》1952 年第 1 期。

赵琪：《英汉动结式的共性与个性》，《外语教学与研究：外国语文双月刊》2009 年第 4 期。

周长银：《事件结构的语义和句法研究》，《当代语言学》2010 年第 1 期。

周长银、黄银鸿：《运动事件框架在英汉语言中的结构表征对比研究》，《外国语文》2012 年第 S1 期。

周国光：《确定配价的原则与方法》，载沈阳、郑定欧《现代汉语配价语法研究》，北京大学出版社 1995 年版。

朱怀：《事件结构理论的起源与发展》，《外语学刊》2011 年第 6 期。

外文文献

Chang, J. , "Event structure and argument linking in Chinese", *Language and Linguistics*, 4 (2), 2003.

Croft, W. , *Syntactic categories and grammatical relations: The cognitive organization of information*, Chicago: University of Chicago Press, 1991.

Croft, W. , "Event structure in argument linking", *The projection of arguments: Lexical and compositional factors*, 1998.

Davidson, D. , "Causal relations", *The Journal of Philosophy*, 64 (21), 1967.

Dowty, D. R. , "Word meaning and Montague grammar: The semantics of verbs and times in generative semantics and in Montague's PTQ", *Springer*, 1979.

Folli, R. , Harley, H. , "What language says about the psychology of events", *Trends in cognitive sciences*, 10 (3), 2006.

Grimshaw, J. , *Argument structure*, the MIT Press, 1990.

Goldberg, A. E. , Jackendoff, R. , "The English resultative as a family of constructions", *Language*, 2004.

Guerssel, M. , Hale, K. , Laughren, M. et al. , "A cross-linguistic study of transitivity alternations", *CLS*, 21 (2), 1985.

Hovav, M. R, Levin, B. , "An event structure account of English resultatives", *Language*, 77 (4), 2001.

Jackendoff, R. , "What is a concept, that a person may grasp it?", *Mind and Language*, 4 (1 – 2), 1989.

Jackendoff, R. , "On Larson's treatment of the double object construction", *Linguistic Inquiry*, 21 (3), 1990.

Jackendoff, R. , "Parts and boundaries", *Cognition*, 41 (1), 1991.

Jackendoff, R. , *Semantic structures*, The MIT Press, 1992.

Jackendoff, R. , *Foundations of language*: *Brain*, *meaning*, *grammar*, *evolution*, Oxford University Press, 2002.

Langacker, R. W. , *Foundations of Cognitive Grammar*: *theoretical prerequisites. Volume 1*, Stanford university press, 1987.

Lakoff, G. , Johnson, M. , "Philosophy in the flesh: The embodied mind and its challenge to western thought", *Basic books*, 1999.

Levin, B. , Rappaport Hovav, M. , "Nonevent-er nominals: a probe into argument structure", *Linguistics*, 26 (6), 1998.

Levin, B. , Rappaport Hovav, M. , *Argument realization*, Cambridge University Press, 2005.

Levin, B. , Rappaport Hovav, M. , "Lexical conceptual structure", *Semantics*: *An International Handbook of Natural Language Meaning*, Mouton de Gruyter, Berlin, Germany, 2008.

Feng, L. J. , Chen, L. Y. , Feng, L. P. , "The Analysis of the Chinese phrasal VR Constructions from the Perspective of Event Structure Theory", *Open Journal of Modern Linguistics*, (5), 2015.

Li, Y. , "Structural heads and aspectuality", *Language*, 69 (3), 1993.

Lin, J. , *Event structure and the encoding of arguments*: *the syntax of the Mandarin and English verb phrase*, Citeseer, 2004.

Mani, I. , Pustejovsky, J. , Gaizauskas, R. , *The language of time*: *a reader*, Oxford University Press, 2005.

Mourelatos, A. P. , "Events, processes, and states", *Linguistics and philosophy*, 2 (3), 1978.

Pustejovsky, J. , "The syntax of event structure", *Cognition*, 41 (1), 1991.

Pustejovsky, J. , "Events and the semantics of opposition", *Events as grammatical objects*, 2000.

Pustejovsky, J. , Tenny, C. , *Events as grammatical objects*, Stanford, CA: CSLI, 2000.

Rappaport Hovav, M. , Levin, B. , "Building verb meanings", *The projec-*

tion of arguments: *Lexical and compositional factors*, 1998.

Talmy, L. , *Toward a cognitive semantics*, Vol. 1: *Concept structuring systems*, The MIT Press, 2000.

Tenny, C. , *Aspectual roles and the syntax-semantics interface*, Kluwer Academic Publishers Dordrecht, 1994.

Van Lambalgen, M. , Hamm, F. , *The proper treatment of events*, Blackwell, 2005.

Van Valin, R. D. , Lapolla, R. J. , *Syntax*: *Structure*, *meaning*, *and function*, Cambridge University Press, 1997.

Vendler, Z. , *Linguistics in philosophy*, Cornell University Press, Ithaca, 1967.

Voorst, J. , *Event structure*, John Benjamins Publishing, 1988.

Yuan, B. , Zhao, Y. , "Asymmetric syntactic and thematic reconfigurations in English speakers' L2 Chinese resultative compound constructions", *International Journal of Bilingualism*, 15 (1), 2011.

索　引

后　　记

　　本书是在我 2015 年博士论文的基础上修改而成的。博士论文是我研究生涯的一个转折点，是这篇博士论文使我的研究方向正式从第二语言教学研究转变为第二语言习得研究，研究方法从以质性研究为主转变为以量化研究为主，特别是论文中有两个实验采用了反应时这种行为实验的方法。在以后的研究中，我还会进行一些其他的尝试，比如眼动、ERP 研究，并且希望用更加全面和精确的分析手段来分析数据，比如 R 语言。

　　在做博士论文期间，我得到了很多师友的帮助，特别是我的博士导师——北京师范大学冯丽萍教授，从论文的选题到文献的查找，从研究的思路到论文的框架，从实验的设计到数据的统计，从论文的格式到书写的规范，冯老师都对我亲自指导、循循善诱、严格要求。我从冯老师那儿学到的不仅是扎实的语言学知识，更是清晰的研究思路、科学的研究方法以及严谨的治学态度。

　　虽然花费了很多时间和心血，但是我知道我的论文其实还存在着一些不足。因此，从开始截取部分实验向期刊投稿，到准备把论文以专著的形式出版，我都在陆陆续续地对论文做一些修改，特别是第五章的两个实验。在此特别感谢我的博士论文答辩小组组长北京师范大学心理系教授彭聃龄老师，他给我的论文尤其是实验设计部分提出了很多建设性的建议。毕业之后，我还专门针对这两个实验进行了重新设计、数据收集和统计分析。在此，也对其他几位答辩老师提出感谢，他们是北京大学的李晓琪教授，北京语言大学的王建勤教授、邢红兵教授，北京师范大学的朱志平教授、丁崇明教授等。

另外，我还想对北京语言大学施春宏教授表达感谢之情。首先，施教授对汉语动结式的研究成果是我毕业论文本体部分研究的重要参照，为接下来的二语习得研究提供了扎实的语言学基础，也感谢施教授在论文开题时给我提出的宝贵建议；其次，我的以博士论文其中一个实验为主要内容的论文荣获"首届《语言教学与研究》青年英才奖一等奖"的殊荣，感谢该杂志以及施老师对我论文的认可。

感谢我的同门师弟冯浩在实验设计和数据分析版块给我的指导和帮助。我的师门一直都是一个互相帮助、团结友爱、共同进步的大家庭，我为拥有你们这样的小伙伴而感到骄傲和自豪。感谢我的家人，没有你们的支持，我不可能在那边短的时间里攻读下学位，还学到那么多的东西。谢谢家人的理解，你们将是我永远的后盾！

这是我的第一本真正意义上的专著，在以后的日子里，我会继续努力，不负师友和家人的期望。